端到端流程

为客户创造真正的价值

FASTER
CHEAPER
BETTER

The 9 Levers for Transforming How Work Gets Done

[美] 迈克尔·哈默 丽莎·W. 赫什曼 著
(Michael Hammer) (Lisa W. Hershman)

方也可 译

机械工业出版社
CHINA MACHINE PRESS

图书在版编目（CIP）数据

端到端流程 : 为客户创造真正的价值 / (美) 迈克尔·哈默 (Michael Hammer) , (美) 丽莎·W. 赫什曼 (Lisa W. Hershman) 著 ; 方也可译 . -- 北京 : 机械工业出版社 , 2024. 10. -- ISBN 978-7-111-76586-8

Ⅰ. F272.5

中国国家版本馆 CIP 数据核字第 2024K7Z132 号

机械工业出版社（北京市百万庄大街 22 号　邮政编码 100037）

策划编辑：白　婕　　　　责任编辑：白　婕　　梁智昕

责任校对：高凯月　马荣华　景　飞　　责任印制：单爱军

保定市中画美凯印刷有限公司印刷

2024 年 12 月第 1 版第 1 次印刷

170mm × 230mm · 16.5 印张 · 3 插页 · 185 千字

标准书号：ISBN 978-7-111-76586-8

定价：89.00 元

电话服务	网络服务
客服电话：010-88361066	机　工　官　网：www.cmpbook.com
010-88379833	机　工　官　博：weibo.com/cmp1952
010-68326294	金　　书　　网：www.golden-book.com
封底无防伪标均为盗版	机工教育服务网：www.cmpedu.com

纪　念

迈克尔·哈默
（1948.4—2008.9）

如果劳动者了解自身工作如何造福他人，不管是通过多简单的方式，那么即使最平凡的工作，对他们来说也拥有了意义和价值。每个人都渴望接触到超越自己和自身需求的事物，以流程为中心的工作能帮助人们满足这一需求。它能扩大我们的视野，将我们与他人——团队、组织和客户联系起来。在以流程为中心的世界里，那些仅执行重复性任务的工人得以找回失去的尊严。

一首古典犹太小诗如此赞美工作的精神价值："工作是宝贵的，上帝创造的物种不计其数，他却只将工作赋予了人类。"诗的作者想传达的是，工作是精神和智慧的最充分表达。正是工作使我们从大千世界脱颖而出成为人类，展示着人类的本质和神圣。这些文字诠释了以流程为中心的工作的本质。通过使工作的意义成为现实，21 世纪的组织将真正展现非同一般的力量。

——迈克尔·哈默，选自未公开手稿

有些人因才华而被铭记，有些人因智慧而被缅怀，但我们怀念他，最重要的是因他无止境的爱，因他教导我们永不停止地探索世界。

—— 菲利斯·哈默、杰西卡、艾莉森、达娜、大卫

感谢我的丈夫布兰特，一个常常相信我甚于我自己的人，对这个项目的成功他贡献了极大的力量。

感谢我的母亲多洛蕾丝，她对生活的热情鼓励着我不断尝试新的事物，探索新的可能。感谢我的妹妹纳丁、兄弟格雷戈、兄弟卡尔及他的妻子米歇尔，感谢侄女梅丽莎和凯瑟琳 —— 感谢你们的陪伴和鼓励。

感谢我的父亲，我从未停止对你的思念，我希望我仍然是你的骄傲。我想你。

—— 丽莎·W. 赫什曼

前　言

PREFACE

迈克尔·哈默是世界著名的管理学家之一。通过与认识他或听过他课的人交谈，你会发现他拥有一段奇妙的人生旅程。人们钦佩他的家庭责任感、智慧及成就，还常常提到他对流程再造和提高企业绩效的热情。随着谈话的深入，你会发现哈默的更多优点，更能理解为什么人们对他如此尊崇。

哈默是我见过的最杰出的讲师之一。他善用苏格拉底式的问答教学法，言辞犀利、记忆力超群，既幽默又让人敬畏。我记得我听过的他的第一堂课是为期四天的流程再造（process reengineering）。虽然我希望提升自己的技能，学习流程重新设计的技术，但一想到要在教室里坐四天，我还是觉得无聊透顶。事实证明我大错特错。

他语速很快，课堂互动频繁，见解独到，完全不会让人觉得无聊。为了表达观点，他引经据典，知名和不知名的段子都信手拈来。

我曾将他的理论运用于制造、服务和分销行业，了解到这一点以后，他表示想参与我的研究工作。他的合作意愿让我感到非常欣喜。我提供了许多在工作中遇到过的问题和解决方案，他会给我基准数据、新的解决方案，以及他在其他地方了解到的成熟解决方案。同时，我们也进行了一些讨论，我挑战他的理论，他质疑我的方法。我们彼此都受益良多。

20世纪90年代初，哈默通过他在流程再造方面所做的工作，向世界展示了业务转型理论，最著名的当数《企业再造》（*Reengineering the Corporation*）。各行各业的人都表示自己把这本书奉为流程改革的指南。这令哈默非常不解，因为它并不是指南，书中只是引入了改革的概念，并未提供全面的解决方案。在出版后的几年时间里，哈默继续研究，重新思考流程改革的细节。当企业的高管向他寻求建议时，哈默不会建议他们应该做什么（比如应该发展什么业务），而是告诉他们怎么做才能做到最好，也就是通过改变工作的实际操作方式来实现流程改革。为什么有的企业能成功运营，另一些却失败了？他进行的关于企业成败的研究孕育了本书，在书中他寻求全面解决方案。他分别研究了成功和失败的企业，通过研究它们做过和没做的事来确定企业取得成功或遭遇滑铁卢的原因。哈默长期关注一些企业的发展，有许多甚至超过了10年。对《企业再造》中提到过的一些案例，本书进行了更深入的剖析。通过广泛研究，哈默提出假设，进行测试，并不断修正。他将中期研究成果与凤凰财团（Phoenix Consortium）旗下的公司分享，它们是哈默管理咨询和教育公司（Hammer and Company）的客户，致力于实现突破性的绩效。最终在2005年，哈默打造出一个框架，将问题描述转化为解决策略。在几家公司测试后，它的超凡价值被证实，因此这些公司将其制度化，作为流程改革的指南。本书以这些想法为基础，并将其扩展为流程改革的结构化方法。哈默此前打造的框架如今变为“流程和企业成熟度模型”（Process and Enterprise Maturity Model，PEMM），在2007年4月《哈佛商业评论》上发表的文章《流程审计》(The Process Audit) 中被首次发布。

哈默相信，在这个充满颠覆性变化的世界里，工作完成方式是企业能否取得成功的关键，我也这样认为。我们正面临着前所未有的宏观经济和商业因素的双重影响，它们正孕育着新的、陌生的商业环境。解决这些问题的方案说起来容易做起来难：挤压成本，提供富有竞争力的薪酬；提供优于竞争对手的服务，让商品价值配得上增加的价格；提高灵活性，率先发布新产品，并保证质量，在各个方面超越竞争对手。

如果别无他法——确实没有其他办法能解决问题了，那究竟问题何在？这么显而易见的解决方案，为什么企业却无法做到？

简单来说，即使员工都是超人，当今企业普遍的组织和运营方式也会使它们无法获得自身所需的大幅度绩效改善。对工作方式进行深刻且根本的改变，是完成这项任务的唯一选择，而提供完成改变的路线图是本书的使命。

书中深入讨论了利乐公司（Tetra Pak）的情况，这家公司过去一直是食品包装行业的佼佼者。21 世纪初，利乐公司显露出长期行业领先者衰退前特有的症状（与西尔斯公司和通用汽车公司类似）：市场份额开始下降，客户抱怨与公司合作艰难，新的竞争对手正在推出令人不安的创新产品。利乐公司似乎即将成为被遗落在历史长河中的又一家巨头公司。

然而，利乐公司借助流程改革的思维，创造了新的工作方式。改革的首要目标之一是提升新产品上市的准时性。当时，公司 90% 的新产品会推迟上市。通过重新思考产品开发和发布新产品的方式，公司的新产品上市准时率提升到 90%，这是一次惊人的逆转。

这种改善并非昙花一现。首先，这种改善是可持续的，利乐公司并没有在收获成果后发生衰退。更重要的是，这只是一系列突破的开端。利乐公司随后将重心转向上门为客户安装设备的新流程，并将客户满意度提高了近一倍。接着，利乐公司调整了维护和升级设备的工程师的日程安排，节省了资金，进一步提高了客户满意度。通过重新思考供应链管理方式——原材料订购、生产安排、分销管理，公司成功将在一些国家的库存减少了一半，并将“完美订单”的数量提高了50%。利乐公司成功逆转了市场份额下滑的颓势，而改善的成果还在不断增加。

对于如何进行企业流程改革的研究，哈默主要集中在相对较少的（通常是5～10个）端到端的活动序列上，这些活动创造了企业为客户提供的所有价值，如订单履行、产品开发、客户问题解决、需求创造和供应链管理。虽然这些流程一直都存在，但过去从未被单独研究过。流程的分拆体现了一种看待公司运营的新方式——不再局限于一系列职能部门的零碎工作，而是放眼于大范围的整体工作。

哈默的研究定义了实现流程改革所必需的9个要素。整体分为两部分，第一部分被称为流程能动要素（process enablers）。为了在端到端的流程中实现突破性绩效改善，企业必须重视5个关键要素：流程设计、合适的指标、合适的员工、流程负责人及高效的基础建设。这5个关键要素为企业提供了流程改革和取得突破性绩效改善的路线图。然而，仅有路线图还远远不够。哈默发现，尽管有些企业有强烈的改革意愿，但仍然无法取得进展，它们似乎知道该怎么做，但就是无法实施行动。这使他意识到，能够按照路线图行动的企业，之所以能够真正实施改革，是因为它们拥有4种企业能力，也就是第二部分——使企业能够达成根本性转变的总体特征：领导力、文化、企业治理和专业技能。如果缺乏这些能力，企业就无法开展实现目标所需的流程改革工作，而拥有这些能力，意味着企业已经行进在通往成功的道路上了。

除了严肃的学者、研究员和教师身份，哈默也懂得享受人生的乐趣。从他的演讲和话语中，你总能感受到他对电影、音乐剧、摩城音乐（Motown）和巨蟒剧团（Monty Python）的喜爱，所有这些元素都是他灵感的源泉，他将台词、话题和人物应用到真实的商业环境中。他还是一名技艺高超的艺人，擅长模仿声音和动作。

哈默也很热心。有一次我为了搞定某个主管头痛不已，当时我正好有机会与哈默共进晚餐，我说，“哈默，我需要一些帮助……”，还没等我说完，他就答道：“说吧。”那是我最后一次见到他，他在不到一个月后去世了。

他是一个好公民、好朋友，也是一位知识巨人。他总能带给我们启发，让我们开怀大笑，引导我们思考。他鼓励我们发挥创造力，勇于尝试新事物。通过继续他的工作，在他打下的基础上深入研究，我希望我们能让他感到自豪。

丽莎 · W. 赫什曼

哈默管理咨询和教育公司 CEO

目　录
CONTENTS

第二部分 / PART 2

第三部分 / PART 3

PREFACE

引　言

企业英雄的兴衰

人人都喜欢鲍勃，他是公司的英雄。上周的某一天，鲍勃在晚餐之后看起了电视。但他有点心不在焉，因为他在思考工作上的事，这其实是他大多数晚上的常态。鲍勃突然想到，有一批货物需要工程部放入新的接线图，这项工作他尚未复核，但明天一早这批货物就会发货。没有新的接线图，设备将无法运行。

“我不知道什么时候能回来。”他向妻子大声喊道，随后匆匆冲出家门，跳进车里，火速赶往公司。

门卫杰瑞热情地招呼鲍勃。对于鲍勃不分昼夜地出现，他已经习以为常。鲍勃直奔出货台，货物已准备就绪，他检查了一下，发现货物里面果然没有装入新的接线图。一个小时后，鲍勃终于找到了接线图副本，他将其放入运送货物的集装箱中，重新密封以便装运。等他忙完回家，已是午夜。

鲍勃一直都在做这样的事。老板欣赏他的奉献精神，经常称赞他。他因此获得了加薪与升职，在过去的两年里他五次被评为“当月最佳员工”。他的行为带动了许多同事，大家纷纷效仿，像他那样投入更多精力到工作中。

毫无疑问鲍勃是个优秀的员工。但问题在于，鲍勃公司的工作流程简直是场灾难。作为忠诚且有野心的员工，为了完成工作，鲍勃努力克服公司混乱的工作流程，被迫成为“英雄”。他的存在弥补了工作流程的不足，保住了客户，他也因此获得了许多赞誉。他不断创造着出人意料的应急解决方案，因为公司现有的流程会产生意料之外的问题。更糟糕的是，鲍勃的行为和他所获得的荣誉只是强化了“每个人都应该顺应所属的固有系统来完成工作”的观念。似乎没有人意识到，如果公司能改进工作流程，像鲍勃这样的英雄根本无须存在。

与鲍勃所在公司情况一样的公司还有很多，它们的流程杂乱，效率低下。这样的公司之所以尚存，仅仅是因为经常有像鲍勃这样的员工在救急。完成客户订单可能总共需要 30 天，但往往只有 3 天涉及实际工作。而在余下的时间里，员工要么在争论谁负责订单中的某些部分，要么忽略订单，任它静静地躺在某个人的收件箱中。这并不是因为大家愚蠢或懒惰，恰恰相反，大多数人都想把工作做好。员工都有绩效目标，都在为达成目标而努力工作。他们专注于完成自己的工作，力求不出差错，用汗水获得回报。但很少有人意识到，他们狭隘定义的工作，也会对公司拼尽全力想要实现的整体目标产生影响。因此，一个员工的工作目标可能会与另一个员工的工作目标产生冲突。

关于不同目标之间的冲突，我们最喜欢的案例是，一家大型消费品公司的销售代表从新客户那里收到一笔小订单的故事。客户明确指出：本次仅是尝试，如果该公司可以漂亮地完成这次订单，那么后续将会与该公司开展更多合作。销售代表明白这次的表现的重要性，于是使用“紧急”和“加速”标签来标记订单，然后将其提交给下一个流程。员工将订单从一个部门传递到另一个部门，直到最后的发货阶段。负责发货的工作人员查看订单以后，发现这个订单本身的订货量并不能将一辆卡车装满。未装满就发货意味着昂贵的成本，而发货人员知道自己的奖金与运输成本的高低挂钩，他必须尽可能地降低运输成本。因此他下令暂时搁置这批货物，直到发往同一目的地的货物将卡车装满以后，才可以发货。

显然我们会为此感到震惊，但对运输部门的经理来说，这完全是理性的决定。他的职责是将运输费用最小化，那是他奖金的来源。运输部门经理延迟发货并不过分，也并非缺乏责任感。实际上，快速发货反而与他的管理职责相违背。运输经理的这个决定完全合乎逻辑，客户流失并不是他的错，问题在于公司的工作系统，而运输只是整个系统的一个小方面。运输部门经理的工作被定义得如此狭隘，以致脱离了公司这个大背景，因此他努力做到最好反而会给公司造成损害。

类似问题的出现并不局限于公司，全美的政府、学校和医疗系统都深陷这样的混乱状况中。在过去的几年内，如果你曾在美国经历过重病，你就会对我所说的内容感同身受：花大量时间预约，在候诊室里无所事事，从一个专家到另一个专家，终日淹没在无数的账单和保险表格中。真是太混乱了！

这种情况并非偶然。一个多世纪以来，管理者通过细化，将工作分成越来越小的单元，实现了大范围内生产率的提高。现代企业发展出拥有许多专职职能部门的模式，如销售、工程、市场、制造、运营和财务部门。在特定部门工作的员工，致力于完成部门目标——市场部提升销量，运输部高效发货，采购部完成采购。他们向上一级的行政主管部门汇报，行政主管部门根据该部门的绩效完成情况对他们进行奖励或惩罚。现有的运作方式源自工业革命，但那场革命早就结束了。在如今变得越来越小、节奏越来越快、竞争越来越激烈的世界里，源自工业革命的工作理念已经失去了用处。如果想证实旧的工作方式已失效，你只须想一想在过去几年中全球金融体系摇摇欲坠时的“大灾难”就知道了，通用汽车和克莱斯勒汽车公司破产重组，成千上万的员工——众多企业口中“我们最有价值的资产”，失去了工作、退休金和房屋。

当今社会处于信息时代，“顾客就是上帝”是公司信奉的真理。然而你要知道，当前想要“货比三家”是一件多么容易的事。计划着买台新的平板电视？通过互联网，几分钟内你就可以获取所有关于规格和价格的信息。点击购买按钮，两天后电视就能送到。你的客户也是一样。如果客户向你的公司下单，他并不会关心产品是在得克萨斯州设计的、零件是在西班牙和巴西制造的，而成品是在土耳其组装的。国际化公司通常会强调自己的全球化，而“国际化公司”与“全球化公司”的不同之处在于，国际化公司可能在其他国家设有销售办事处或制造工厂，但并没有进一步将散落各地的不同业务整合在一起。这迫使客户不得不卷入公司的混乱怪圈中：以不同币种定价，不同货源不同发货安排，以及解决问题时遇到的语言障碍。而真正的全球化公司已经克服了国界壁垒，为客户提供轻松透明的合作体验。全球化公司充分了解，客户的诉求是在预期的时间和地点，以合理的价格购买优质产品。如果你的公司像鲍勃工作的地方那样管理混乱，你的客户很可能不会意识到，当然也不关心你的员工付出了多少努力才最终完成这笔订单。但是你迟早会失去客户，要么是因为扮演鲍勃角色的人没能及时解决问题，要么是因为敏捷的对手有了更具竞争力的产品。这是注定会发生的情形，只是时间早晚的问题。是时候让我们的工作更快、更省、更好了。

更快、更省、更好，是商业中难以实现的三位一体指标，如此令人向往，又如此困难。要想做到更快、更省，就无法做到更好；要想做到更省、更好，就势必会牺牲时间；要想做到快且好，又无法做到更省。似乎同时实现这三者是个不可能完成的课题。

然而，如果你相信一个简单的观念——个人完成工作的方式会影响整个体系，那么就可以使用新的流程替代源于工业革命的分散工作流程，同时实现这三者将不再遥不可及。这并不容易，改变也不会在一夜之间发生，但那些掌握方法的管理者能收获令人惊讶的结果。工作不再是一系列分散的步骤，取而代之的是一个端到端的连续体。以往，员工的视野局限于自己的工作，而不了解自己的工作会如何影响同事的工作能力，甚至如何对客户造成影响。现在，他们正在建立全局观，考虑整体而非部分，关注结果而非分散的流程，关注集体而非个人。现在，个人与公司无缝融合到一起，形成了坚实的团体，面向同一个目标：客户满意度。1993 年，在《企业再造》一书中，迈克尔·哈默首次引入“端到端流程”的概念。2010 年，经过 17 年的宣讲、教学，以及在越来越多的公司中见证了端到端流程的巨大潜力，我们确信，这正是使任何企业都能更快、更省、更好地实现目标的工作方式。本书旨在推广这种方法，传播安排工作的新方式，为每个参与全球经济竞争、希望茁壮成长的企业提供方法。《企业再造》解释了为何端到端流程是一种更好的方式，而本书展示了如何利用这个简单概念的惊人力量，让公司盈利更多、更具竞争力。

端到端流程会颠覆你和每个员工完成工作的方式，重建你对工作的认知，彻底改变你完成工作的方式。在端到端流程改革中，最困难的部分在于维持改革的成果。在从开始实施端到端流程改革，到实现初始阶段的突破性收益，然后宣布改革胜利并持续推进的整个流程中，如果进行得不顺利，在初始阶段完成之后收益不如从前，有些公司就会选择回到过去的方式。但在这里止步，意味着企业将无法获得近在咫尺的更大收益。

如果你认为“流程”是指书面的流程图和表格，那就大错特错了。它的含义是，以完全不同的方式开展业务运营，实现目标，并让客户满意。它涵盖了企业的各个方面，影响着从技术人员到销售人员所有员工的工作方式，使他们得到应有的激励和奖励。让我们通过一个客户——安德朗航空航天公司（Andren Aerospace，以下简称安德朗）的案例，来看端到端流程改革的力量。

2004年年底，大型航空电子元件和系统制造商安德朗遇到了一个大问题：公司最大的客户刚刚与其终止了合作。通常两者的合作模式是，客户向安德朗描述需求，安德朗则通过反馈一个图解表来描述要构建的特定系统，同时提供报价和交付日期。如果客户认同，安德朗就获得了一份订单，而公司接下来的流程常常一片混乱。安德朗几乎从未在约定的日期交货。当整个流程最终到达即将交付的那一步时，十有八九会遇到质量问题——装配不正确，某些部件损坏、丢失，或发票错误。于是，客户周期性地发怒，向安德朗投诉，并威胁它要立刻解决问题。安德朗承诺会改变方式，做得更好，却从未真正改变过。最终，客户忍无可忍，告诉安德朗他们将在 60 天后退出，合作关系到此为止。

几乎在客户与安德朗终止合作的同一时间，安德朗带领我们去检视其运营流程，力求将端到端流程的思想和技术应用到运营中。这次事件给了我们一个绝佳的机会，来展示端到端思维如何带来巨大的改变。如果我们重新设计的流程能够挽回这个大客户，将大大提升安德朗的信誉，因为公司与其他客户之间也有着同样的问题。

这并不是安德朗第一次试图解决问题了。他们已经尝试过备受推崇的六西格玛——一种用于持续改进的统计方法，结果无济于事。六西格玛无法解决问题这个事实告诉我们，问题的根本并不在于执行力，而在于安德朗特有的开展工作的方式——它的过程管理很糟糕。

我们的改变工作从召集员工形成跨部门团队开始，这个团队的人员来自不同的部门——销售、客户服务、工程、制造运营等部门，而工作则涉及处理需求和填写订单。整个团队一起梳理了从客户咨询到发货的完整流程，并将流程中的所有步骤记录下来。在这个实践中，最值得注意的是，在我们做这件事之前，安德朗公司里没有一个员工清晰了解从头到尾的整个流程。每个员工都清楚自己的本职工作，知道所在部门的职责，但没有人对整个流程有宏观了解。最终，我们完成的流程图占据了 3.6 米长的墙壁。首先，客户电话联系销售代表，表明自己的需求；继而由销售代表将客户的需求交接给工程部；工程部完成设计后，指定系统中需要包含的零件，并创建有效的技术规范；接着，客户服务部介入，参与决定设计成本，并向客户提供报价和交货日期；客户同意报价之后，客户服务部检查所需零件库存是否充足；如果零件库存充足，客户服务部将联系库房，将零件送到生产部门组装成产品，最后发货，如果零件缺货，他们将通知材料部采购缺失的部分或替代品。

上述流程听起来不错，清晰而明确，但现实情况一片混乱。根本问题在于，每个人都只专注于自己的工作，没有人知道或关心其他人的工作。他们都想把工作做好，但其实一直都是彼此的障碍。

- 工程部可能会发现系统存在问题，或者找到更好的设计方案，却因为觉得麻烦而不通知其他部门，直接与客户公司的对接人联系，协商修改设计，绕过安德朗的其他员工和客户的采购代理部门，从而引起混乱。
- 如果零件缺货，材料部可能会联系工程部决定使用哪些替代部件，这种协商往往长达数周。零件的更改也会导致发票问题，因为替换的零件价格与原定的零件价格不一定相同。
- 为了确保订单的准确度，客户服务部常常花费数周时间来核实订单，即使这意味着他们会错过自己定下的交货日期。
- 材料部可能会将客户服务部计划用于完成某个订单的零件分配给其他客户。
- 接受毛利率考核的销售人员，为了等待另一个更便宜的供应商送货，可能会拖延整个订单。

任何一个步骤的延迟都会产生多重连锁反应。当订单投入生产时，通常时间就已经非常紧急了，进行组装的工人工作压力极大，加班加点完成任务时常常会出现错误，甚至损坏设备。安德朗经常不得不通过提高运费来加速送货，这就抬高了成本。不仅如此，到货晚于客户预计交付日期的产品，会因为没有分配储存空间，而只能堆在拥挤的收货区。

所有的这些问题，并不是能力不足、恶意或愚笨造成的。安德朗的员工都很聪明、训练有素、干劲十足，他们都受过良好的训练，在没有任何协调的情况下，他们积极主动地做了很多不同的事。在涉及具体工作方面，每个人都尽力将工作做到最好，也都相信自己有能力做到最好，包括直接与客户打交道。他们的工作各有各的侧重点，因为每个部门都有自己的目标和指标。有些部门通过订单的准确性来考核，有些部门根据库存周转率来考核，还有些部门根据毛利率来考核。大家的考核标准不尽相同，也没有人用真正对顾客重要的东西来考核。对于客户的准时交付需求，没有人负责整个端到端流程，也正是因为没有人负责，所以完全没有人关注这方面。

与大多数公司一样，安德朗也受部门分工问题影响。需要做的工作和执行者被分为许多小部分，每个部分专注于工作的一方面，有自己的时间安排和考核指标。由此产生的影响非常典型：对大局缺乏整体认知，对公司里其他人所做的事情根本不了解并且漠不关心，对客户满意度和业绩结果严重缺乏责任感。这些影响如果不及时处理，可能会带来致命危害。

当我们从文档材料着手，开始梳理安德朗的端到端流程时，团队中的成员都非常惊讶。

员工们纷纷感叹："我都不知道原来我们是这样工作的""为什么我们会这样做呢"和"那根本是无用功"。在整个流程的背景下看待工作，会发现一些新的非常强大的亮点。团队将端到端流程梳理出 94 个步骤，分为 3 类：增值类工作、非增值类工作和浪费类工作。增值类工作即客户会为其付款的、直接作用于实现目标结果的工作。非增值类（或业务支持性）工作是间接工作，客户不关心，却是保证流程正常运行所必需的工作，如检查、跟踪、确定优先级、时间管理等。非增值类工作是指中介类工作，不能直接创造价值，只能促进其他工作顺利完成。浪费类工作是指不必要且无用的工作，如重复性工作、错误工作和撰写无人阅读的报告等。在 94 个步骤中，只有 11 个是增值类工作，也就是只有 11 个步骤真正为客户创造了价值，其余步骤都是无意义或间接的工作。

安德朗首先想到的解决方式是企业重组。这个决定很常见，许多高管都认为一切问题均可以通过新的组织结构解决。我们认识的一位高管曾表示，重组是她公司核心竞争力的来源。重组或许可以为决定或行动提供一时的保障，但导致持续性问题的根本原因不在于谁向谁汇报工作，而在于工作本身如何被组织和执行。

所以我们坚持改革工作方式。在理清了安德朗流程混乱的原因之后，我们开始着手创建新的工作流程。旧流程的根本问题是工作碎片化，对应的解决方案是将工作整合。针对安德朗的情况，我们建议设立两个具有重要职责的新角色，一个作为与客户对接的单点联系人，另一个负责发现和解决流程运行中的问题。被选出的两位负责人，不仅具有专业度，而且对端到端流程都“认同”——他们充分理解端到端流程的潜力，并且在帮助设计新流程时富有想象力和胆识。

阿莫尔曾是安德朗的顶级销售人员。在新流程运行初期，他成为与客户对接的单点联系人，这是一个结合了销售代表、客户服务代表和工程数据收集人员的角色。他负责接收客户需求、设计解决方案、检查库存、报价，并承诺交货日期。如果有需要，阿莫尔可以向工程部请求技术支持，但涉及与客户沟通的工作只能由他完成。阿莫尔从宏观上掌握整个流程。

一旦客户接受报价并下单，运营专家简立刻接手。她负责确保系统组装所需的部件全部在库。如果库存不足，简负责订购，并确保在需要的时间之前到货。她还负责确保生产人员准备就绪，等零件到达之后立刻按计划开始装配工作。与阿莫尔一样，简可以联系其他部门寻求帮助，但在客户下单后，订单的整个流程及与客户的联系只能由简一人负责。新增两个角色以后，公司可以淘汰旧流程中大部分非增值类工作，如多次检查客户信用度、不同部门重复验证订单，而所有的浪费类工作都可被消除。新流程仅有 28 个步骤，包含原有的 11 个增值类步骤和 17 个非增值类步骤。

与之前分散的碎片化工作方式不同，新流程带来的是一种纪律严明的集中型工作方式。两名技能全面且富有责任感的负责人负责从头到尾的执行和管理工作。为了确保每个人的目标一致，阿莫尔和简，以及被称为“订单到现金流程”中的所有员工，都有共同的考核和奖励指标：按时交货。

我们花了约 3 个月时间设计新流程，然后与第一个客户进行了为期 6 周的合作，结果令人叹为观止。在旧流程中，安德朗的准时交货率不到 15%，实施新流程后，准时交货率提高到 90% 以上；旧流程通常需要 48 小时才能将询价变成报价，而新流程将这一步所用的时间缩短为不到 6 小时。发货系统的效率几乎翻了一番。由于混乱程度降低，时间压力减少，工作中出现错误和损坏的情况大大减少。由于经手人员减少，误解和错误的概率也降低了。“完美订单”，即填写准确高效、内容完整、设备完好、资料完善的订单从过去的最高 10% 提高到 85%。即将与安德朗停止合作的大客户对安德朗取得的成就感到震惊，并做出了我们预期的回应：恢复合作，明年将合作业务量增加到 34%。这超出了我们自己预期的乐观目标——25%。锦上添花的是，在过去的流程下，这样规模的业务增长通常需要多雇用 12 名员工，而在使用新流程的情况下，公司仅需再聘请两个人。总体而言，安德朗与该客户合作的订单的毛利率增长了一倍。即使业务量进一步扩展，安德朗也有能力游刃有余地处理。

更快、更省、更好——要实现三位一体，只需用端到端的思维看待工作，重新思考，让所有人都朝着共同的目标前进。

端到端的企业流程思想并不复杂。有些公司用“向左看，向右看”来向员工解释，即不要只关注自己的工作，而需要考虑在自己的工作之前和之后的工作。员工要整体考虑，要认识到所有的工作都是在为客户创造价值。端到端流程不只适用于订单履行或订单采购等常规性工作，它同样适用于创造性工作，包括产品开发和需求挖掘。它适用于所有这三种类型的流程：核心流程（产品开发、客户获取、订单履行）、支持流程（信用资料收集、人力开发）和管理流程（战略规划）。端到端流程不会强加规则，不会产生官僚作风，也不会限制员工发挥想象力和创造力。正如当工程师抱怨端到端流程会阻碍他们的创造力时，一位 CEO 说：“我希望你有创造力，但我希望你将创造力用于产品，而不是流程。”当我们走进潜在客户的办公地点时，我们可以通过办公桌和计算机上的便利贴数量了解公司的流程导向程度。一般来说，便利贴越密集，表示公司的流程导向程度越低。大量的便利贴代表每个人的工作方式各不相同，并且经常需要采用临时策略。实施端到端流程后，员工就不再需要依靠便利贴提醒。

虽然端到端流程并不复杂，但我们也不认为它能在极短时间内实现。记住，我们谈论的是一种完全不同的工作组织方式，它会影响公司里的每个人。有些人可能较难适应变革，这取决于为了实现端到端流程企业所进行的改革程度。奖励体系、汇报关系都将发生改变，权力和责任将更深入地渗透到组织中。你将必须成为一名传播者，抓住每一次机会宣讲端到端流程的变革力量。即便如此，仍会有人不理解或无法接受新流程。你可能不得不花费很长时间说服他们，但如果他们最终仍不理解，就只能选择离开。留下来的员工将感受到前所未有的挑战，而其中的大多数都愿意迎接挑战。许多人将从自身利益出发，成为端到端流程的传播者。也许最令人惊讶的是，随着公司在成为端到端企业方面取得突破，你将发现，作为高效流程组织，公司能持续取得更多进步与成就。多年来一直在公司从事流程工作的人告诉我们，他们不断寻找新的方法来实施流程，以改进工作方式，并提升客户满意度。可见，端到端流程实施是一个永无止境的旅程。

端到端流程的成功实施在每个层面都涉及一些密集型工作。虽然流程工作的重点确实是通过挖掘客户所需（客户之声）来更好地服务客户，但企业必须通过做一些对自身业绩有利的事情（企业之声）来平衡关注焦点。这种平衡很难被立刻实现。但我们根据经验总结出 9 个关键的高层组织要素，用以指导流程实施。在接下来的章节中，我们将研究这些要素以及它们之间的关系。我们将使用许多关于公司的轶事，有一些公司你或许能猜出来，另一些你可能不熟悉，因为我们使用了化名。我们不想让尝试过但未能实施流程的公司难堪，同时也不希望泄露商业秘密。为了总结和说明每个章节的内容，让我们回顾安德朗航空航天公司的案例，当时我们被邀请分析公司的问题并提供端到端的解决方案。

第 1 章的内容主要关于设计新的端到端流程。新方案必须综合考虑公司的组织形式以及产品、服务和客户。坦白说，当时安德朗的组织形式简直一团糟，特点是极度冗余，员工对他人工作缺乏了解，整个流程几乎不关注客户需求和满意度。通过端到端流程的视角审视公司的组织形式时，一些最严重的问题将会立即显现。在设计新的端到端流程的过程中，也会出现不太严重的问题。端到端流程有解决所有问题的潜力。

大多数公司都设置了错误的考核指标，它们允许每个部门采用不同的评价方案。因为每个部门努力的方向不同，就会产生不协调的结果。这正是安德朗遇到的情况。在第 2 章中，我们将仔细研究端到端流程中考核指标设定的问题，以及如何、为什么要研究这个方面。为了实现改革目标，我们通常需要重新确定公司真正想要做的事，而“开发并留住客户”几乎是永恒的目标，与其相关的指标才是重点。

当采用端到端流程后，安德朗管理者职能上的变化是发生的最深刻的变化之一。职能部门领导者不再像从前那样管理自己的板块。相反，现在有独立个体——流程负责人享有独立的权力来更改流程和改变工作的执行方式。流程负责人是第 3 章的主题。确保流程负责人和职能部门领导者密切合作，是成功实施端到端流程的重要因素，这要求两者都要改变思维方式。

员工在企业中的表现不仅与考核和激励政策有关，还与企业支持有关。第 4 章主要关于员工，即流程中的“执行者”，以及支持端到端流程所必需的基础建设。正如安德朗学到的那样，重新设计工作流程并设定绩效考核方式会改变员工的工作方式。摆脱了官僚任务和无数次交接的困扰，安德朗的员工都成了“专业人士”，做着真正有意义的事，不再浪费时间和精力。并非所有员工都对新方式感到满意，一些员工会自愿或被迫离开。但留下来并对端到端流程感到认同的员工，将变得比你想象的更加充满活力、乐于挑战和富有成效，他们会成为你最宝贵的财富。

员工的新工作方式也需要新的基础建设来支持。为了取得成功，企业需要为转向端到端流程的专业人士提供新的薪酬计划、培训和发展机会、新的汇报结构，以及必要的工具（其中许多来自 IT 部门）。

没有正确的领导，任何组织都无法生存和壮大。第 5 章探讨了领导者的必备素养：领导者必须理解端到端流程的战略意义，能平衡客户需求和业务需求。为了解决问题，安德朗的领导者最初决定重组，这是许多领导者容易犯下的典型错误。幸运的是，他们愿意倾听，并很快明白如果对公司及其客户没有一个更远大的愿景，端到端流程几乎必定无法发挥应有的作用。

第 5 章还讨论了在通往端到端流程的过程中，成功的领导者能创造出怎样的企业文化。一旦领导者理解并接受端到端流程的潜力，他们就必须成为传播者，使整个企业相信优化后的流程将成为提高客户满意度、留存率以及自身职业安全感的最可靠保障。正如安德朗所经历的那样，文化转变将立即被一些员工接受，同时受到其他员工排斥。但是，领导者必须反复宣传，使众多中立的员工认同其潜力，只有这样才能维持变革的效果。

第 6 章阐述了对企业治理和专业技能的考察。企业治理指负责设定目标和分配资源等细节，是推进端到端流程的首要框架。简言之，它是治理端到端流程的过程，其主要职能之一是确保企业培养一批不仅知道如何实施流程，而且可以教授他人落实流程的专家。

第 7 章是第二部分的开始，阐述了如何整合构成以流程为中心的企业的 9 个要素。第 8 ～ 12 章包含 5 个公司的案例研究，这些公司都采用端到端流程，却得到了截然不同的结果。利乐公司和加美萨公司（Gamesa）取得了非凡的成功；另外 3 个公司将以化名出现，它们虽然有改革的勇气，但最终以失败告终。我们希望它们的故事能够阐明端到端流程的好处，展示可能遇到的问题以及解决方案，并说服你这个做法确实值得一试。第 13 章是第三部分，将介绍流程和企业成熟度模型——一个帮助你规划和评估流程改革的框架。

PART 1
第一部分

FASTER CHEAPER BETTER

The 9 Levers for Transforming
How Work Gets Done

CHAPTER 1

第 1 章

设计

从虫瞰到鸟瞰——流程设计要素

你一定参加过聚会或其他社交活动，面对一群陌生人，在无话可聊时，我们大多数人都会回到标准搭讪问题：“你从事什么工作?”

通常，我们会得到标准的回答：“我是律师”“我是牙医”或“我是作家”。

好的，现在我们知道了你的工作或职业，但仍然不知道你的工作内容到底是什么。假如你是律师，那么你专攻何种法律？你如何寻找客户，如何挑选重点客户？如何研究他们的案件、提供必要的程序文件、反驳对方律师的主张、做出庭准备、寻找专家和其他证人、进行辩护、在败诉后思考上诉理由以及计算和收取费用？所有这些问题的答案以及更多问题所对应的答案才是你真正在做的事。这是你作为律师的工作方式，也正是你的工作流程。

当然，提出问题的人可能并不想听所有细节。事实上，你甚至可能不知道如何更好地回答这样的问题。但是如果仔细思考，我们几乎可以向你保证，你可以找到更好的办法改进一些持续多年的工作模式。如果你真的能够改变一些工作方法，那么你很可能会变成一个更好的律师，拥有更好的客户、更高的收入，获得更多的实践经验。做完这些，你其实已经设计了一个更好的律师工作流程。

在更正式的环境中，我们经常向高管询问他们的公司是做什么的。通常，他们会开始描述公司提供的产品或服务，以及与竞争对手相比，自身产品或服务的优势。接着，管理者会拿出年度报告、相关产品文献，甚至是组织结构图。“这就是我们所做的。”他会这样告诉我们。

对不起，答案错误。

到目前为止，我们知道了公司的产品是什么，谁向谁汇报工作，以及公司在财务方面做得如何，但我们仍然不知道公司是做什么的。

这些经历揭示了一些对我们大多数人来说非常违反直觉的事情：我们并不知道自己在做什么。大多数情况下，我们做事情是因为“我们一直都这么做”。很少有人考虑过：“这是最好的方法吗？”

在使你的企业或组织变得更好之前，你必须非常清楚地了解它到底是做什么的。更重要的是，在公司工作的所有人都需要了解这一点。大多数员工都只关注自己的工作。无论工作业绩如何，多数员工都只一门心思做自己的工作，这是“虫瞰”的认知方法。他们需要“鸟瞰”，了解公司真正在做的事，以及在实现公司目标或达成更好的结果方面，自己所发挥的作用。这就是第 1 章专门讨论流程设计的原因。只有了解了公司所做的事，才可以开始设计更好的工作方式，摆脱“我们一直都这么做”的旧陷阱。重新设计工作方式，以便拥有端到端无缝衔接的流程，是企业拥有的最重要的资产之一——也许是最重要的资产。它将使工作更快、更省、更好。更快、更省、更好并不孤立存在，它们指的是比竞争对手更快、更省、更好。这是一个强大的武器，可以将你的公司与竞争对手区分开来。如果做得好，流程设计将对你和企业的业绩表现产生巨大影响。对做事情的方式和原因、流程员工以及绩效结果，你都将有更深入的了解。一家以流程为导向的公司，无论其业务多么平凡，都将更具创新性。并且，信不信由你，流程设计——确定如何更有效地工作——是商业世界中最令人兴奋和最富创造性的工作之一。

本书会介绍如何利用流程使企业高效运行，并且将会包含许多如何执行操作的示例。但首先，让我们花点时间了解领先的流程公司之一——美国前进保险公司（Progressive Insurance）如何使用流程设计来改变其行业规则，并从名不见经传的小公司成长为行业领导者。

前进保险公司总部位于俄亥俄州梅菲尔德，在 2010 年是美国第三大汽车保险公司，2008 年的收入近 130 亿美元，相较于 1991 年略高于 10 亿美元的收入，这是一个巨大飞跃，年复合增长率高达 17%。令人印象深刻的是，汽车保险业并非当时热门的生物技术行业。相反，汽车保险业是一个成熟的百年老行业，其增长率与 GDP 的增长率相同。前进保险公司的增长完全是内生式的，不像许多快速增长的公司是基于收购的。一个奄奄一息的行业中的二线公司是如何完成这一卓越成就的？

答案是“流程设计”。通过分析完成工作过程中的人员、工作内容、时间、地点和其他相关内容，前进保险公司已经超越了研究个体效率的阶段，将工作视为整体进行优化。

前进保险公司的流程重新设计始于理赔处理。比较旧流程和新流程可以帮助阐明流程设计的全部内容。

过去，前进保险公司的理赔流程与业内其他大多数公司类似。当索赔者，即发生事故的人向出售保险的保险经纪人申请理赔后，理赔流程开始。经纪人记录索赔者信息，填写损失报告，将其发送给公司理赔部门的职员。职员登记表格，检查表格的完整性和准确性，之后将表格传递给理赔部主管。理赔部主管收集一定量的理赔申请之后，将其发送给理赔员。通常，主管会将同一地区的理赔申请分配给同一名理赔员，以便其在一天内完成所有理赔工作。理赔员联系索赔者，预约面谈、检查汽车以确定损坏程度。最后，理赔员将评估结果反馈给主管，主管据此确定理赔金额。

在标准的行业模式中，每个参与者的工作范围都很狭隘：经纪人与客户对接，办公室职员负责表格处理，理赔员检查车辆并评估损坏程度，理赔部主管分配任务并计算理赔金额。实际上，旧流程的关键目标之一是优化理赔员的工作效率，就像传统工厂通过安排长时间的运行来优化设备效率一样。结合通常指标（每天处理的电话数、拜访索赔者的数目）来看，这个流程实现了任务效率的经典目标，即最小化直接劳动成本。但这种狭隘的任务效率牺牲了整个流程的效率。因交接和需要按地理位置批量理赔造成的延误导致前进保险公司的理赔员通常需要经过5天时间（其他公司常需要更长时间）才会出发去实地评估车辆状况。保险公司可能认为流程合理，但客户可不这么认为。让我们站在客户的角度思考，作为客户，你根本不关心文书效率，只希望理赔尽快解决。理赔员来检查车辆所需的时间越长，理赔完成所需要的时间就越长，拿回汽车、回归正常生活所需要的时间就越长。

前进保险公司称新流程为“立即响应”。第一步是撤销经纪人、客户服务代表和理赔部主管的岗位。在前进保险公司投保的人将获得一张印有公司联系电话的卡片，方便客户携带。如果发生事故，客户可以在白天或晚上的任何时间拨打公司的联系电话，直接与负责其案件的理赔负责人联系。负责人负责检查保险范围、派遣拖车，必要时联系警方，并做好其他协助工作。理赔员也归属于负责人的团队，他们不会整天待在办公室，而是搭乘前进保险公司的班车在外处理事务，每天有 3 组轮班。索赔者来电时，负责人联系理赔员，安排一个双方都方便的时间评估车辆，最好是立即评估。当装备齐全的理赔员到达现场检查车辆时，如果情况不复杂，他有权当场确定理赔金额并签发支票。

新流程的效果令人惊叹。理赔速度大大加快，耗费的时间从超过 5 天缩短到通常不到 1 天，而且麻烦更少，这意味着客户因为服务体验不佳而放弃合作的概率减小。同时，理赔周期的缩短大大降低了公司自身的成本。公司存放损坏车辆或租用替换车辆一天将花费约 28 美元，成本大致等于一张 6 个月保单的保险利润。对每天处理上万份理赔申请的公司来说，新流程带来的费用节省显而易见。此外，新流程还带来了许多其他方面的改善：欺诈检测能力提高，新流程的实施使公司能在刹车痕迹消失和目击者离开现场前进行事故调查；参与理赔处理的员工数减少，运营成本降低；理赔支出减少，如果理赔及时并且不那么费事，索赔者通常能接受较小的赔付金额。

我们很容易迷失在细枝末节中，所以让我们退后一步，试着总结新流程与旧流程的区别。新旧流程关键的增值类工作都有 3 个：从索赔者处获取信息、检查车辆、决定赔付额。其他一切充其量只是非增值类的内务工作，是为了完成关键工作而做的支持工作。令人惊讶的是，新流程并未改变执行这些基本工作的方式。理赔员并没有配备 X 射线检查仪器以更快或更准确地评估车辆受损情况，工作的方式仍然与以往基本一致。发生改变的是，公司如何将工作整合成一个整体，如何达成客户关心的结果。

旧流程由经纪人联系索赔者获取信息，而在新流程中，前进保险公司的理赔负责人直接获取信息，经纪人和文档处理职员岗位的取消节省了大量时间；在旧流程中，理赔员在自己方便的时候去检查车辆，而在新流程中，理赔员在客户方便的时候检查，通常在获知事故后的 9 小时内进行，前进保险公司称之为“从我们的日程转向到客户的日程”；在旧流程中，理赔金额需要理赔员将评估结果返回给办公室中的主管后才能决定，而新流程在与客户接触时即可确定理赔金额，从而加速了整个理赔的进程。这些简单的变化大大减少了公司在处理理赔时的大部分复杂流程，实现了更快、更省、更好。

流程设计的 7 个要素

许多企业家在听到“流程设计”这个词时会感到担忧，因为他们将设计与艺术或工程联系在一起。他们似乎觉得，设计需要非凡的艺术天赋或创造性技能。他们可能在有意无意间，将创造性与焦虑和痛苦联系在一起，就像爱迪生所说，天才是“1% 的灵感加上 99% 的汗水”，或者如海明威对写作的描述：凝视一张白纸，直到额头渗出血珠。他们无法想象如何开始创造或重新设计一个流程。确实，某些方法论认为流程设计过程中必定存在接近于“全新创造”的工作。

但是你不必担心，也不必在家苦练流程设计。流程设计虽然不是常规性工作，但实际上有系统化的操作模式，与许多其他类型的设计不同。对流程设计人员来说，选择的范围存在边界，而流程设计相当于在有限的选项中再进行选择。我们确定了设计应该关注的 7 个要素：工作内容、在特定情况下的工作必要性、工作精确度、信息基础、工作时间、执行者、工作地点。前进保险公司的案例中包含了其中 3 个要素——公司对某些步骤的执行者、工作时间、工作地点进行了更改。这个案例突出了流程设计的本质：关注流程中看似不起眼的方面，对其进行优化，最终产生强大的结果。当你重新设计流程时，应该首先问自己：如果改变 7 个要素中的一个，会带来更好的表现吗?

只提出问题是无法找到答案的。为了找出不同的工作方式，你需要锻炼想象力。你还需要像传统的发明家一样，尝试许多不同的策略，直到找到一个或多个满意的工作模式。诺贝尔奖获得者莱纳斯·鲍林（Linus Pauling）曾经说过，拥有好主意的方法是尽可能多地提想法，然后剔除坏的想法。这样你至少不会毫无方向。你需要考虑许多细节，并提出问题以激发思考。

让我们逐一看看 7 个要素，通过理论和案例来探索它们（我们将把所提到的第一个要素即“工作内容”放到最后来讲）。

工作必要性

我们要考虑的第一个要素是，在特定情况下需要做些什么。回顾安德朗的案例，在重新设计流程时，他们是如何将流程中的步骤分类为增值类、非增值类或浪费类的？这就是这个要素的全部意义。许多流程在各种情况下都以固有的方式执行：第一步做这个，第二步做那个，接着做第三步。在这里我们提出一个全新的观念：只有当某个步骤对结果的价值或贡献大于当前特定情况下它的成本时，它才会被执行。

举个例子。如果你收到一张账单，但未全额支付，那么大多数公司都会重新发送账单催缴，而这些公司忽略了花费可达数百美元的催收成本。一家计算机服务公司计算了不催收所节约的成本，并因此改变了流程。如果未支付的金额低于发送账单的成本，公司仅会将其记录而不进行催缴，以节省资金。当然，我们不会告诉你这是哪家公司，也不会告诉你催缴的门槛金额。

另一个案例为汽车保险公司，公司派出理赔员检查汽车是基于两个原因：评估损坏情况，并确认事故真实发生。然而，最常见的车辆损坏形式是挡风玻璃破损，这其实不需要实地查看。挡风玻璃是否破损显而易见，如果破损，更换的成本也有固定标准。换句话说，在这种情况下，保险公司派遣理赔员的唯一原因是确认事故真实发生，以及索赔者没有欺瞒行为。一家保险公司意识到，长期按时支付保费并且从未提出过理赔申请的老客户，不太可能突然以虚构挡风玻璃破损来骗保。当这类客户提出挡风玻璃破损索赔时，该公司会跳过理赔员环节，直接进行理赔。

为了发挥这些见解的作用，流程中需要包括一个新步骤，用以确定在特定情况下是否应该执行工作。有必要，则执行；无必要，则跳过。这个步骤在其所涉及的流程十分昂贵或过分消耗时间时，尤其有意义。

工作精确度

如何精确地执行流程中的步骤，与是否执行同样重要。即使公司需要执行某个步骤，或许也没必要像过去那样执行得那么彻底、那么精确。尽管可能难以相信，不那么彻底或不那么精确地执行可以节省大量时间和金钱。相反，为了获得更精确的结果，即使花费更多金钱或时间，公司也需要更彻底、更精确地将工作落到实处。

大多数医院都认为开出的账单必须尽可能精确。一份典型的医院账单常有许多项，其中一些是主要项目，如房费和医生诊治费，但绝大多数是小项目，如纸巾或药丸的费用。根据帕累托定律，这些小项目在账单中的占比会达到80%，而金额仅占20%。但对医院来说，帕累托的80/20太乐观了，医院的数据更接近95/5。过于冗杂的账单不仅增加了医院的处理难度，患者也更难以理解。更重要的是，账单信息并不会自然生成，必须有人收集数据，这通常由护士完成。收集数据的过程占据了护士很大一部分工作时间，而护理其实才是护士的本职工作。因此，一家医院做出了大胆的选择：尝试降低精确度。具体而言，管理层决定不再对成本低于25美元的项目收费，这在以往的账单中占据了很大比重，也不再统计相关数据。为了抵消这些费用，医院计算了纸巾和药品的平均用量，并将其纳入基本病房费。这对患者的行为没有产生任何实质性的影响。虽然现在使用纸巾不收费了，但患者也不会过度使用纸巾。另一方面，这确实节省了大量的护理时间。护士加班时间减少了37%，而与患者接触的时间却有增加。

一家为高端客户提供服务的家庭保险公司认识到，精准定价给对时间敏感的客户造成了负担：精准定价会迫使客户提供大量有关家庭财产情况的细节，以便公司计算出与保险相关的确切风险程度，用以计算保额和保费。这家保险公司意识到，过度精准的定价过程会给客户带来成本。在降低定价精准度后，公司向客户询问的数据少了很多，客户对此表示赞赏。虽然这个做法意味着公司的风险计算不太准确，因此保险公司通常会略微高估风险，也就是提高保费，但客户对这种改变感到非常满意。高端客户通常愿意为便利性和时效付费。现在，这家保险公司已成为这个细分市场的主导者。

阿美林担保公司（Amerin Guaranty，以下简称阿美林）[㊀]通过有意识

㊀ 已与瑞迪安私人抵押贷款保险公司（Radian）合并。

地降低精确度，来彻底改造抵押贷款保险业务。抵押贷款保险的保费由房屋产权人支付，保单受益者是提供抵押贷款的银行。传统抵押贷款保险公司的做法是：从发放抵押贷款的银行处获取房主和抵押贷款信息，通过详细的核保流程确定保费金额。阿美林发现银行在决定是否发放抵押贷款时就已经完成了信息收集工作，再这样做是浪费精力，于是公司开始使用银行提供的信息来计算保费。如果借款人违约，其他保险公司的做法是对贷款余额进行一系列分析，以确定支付的金额。阿美林发现，平均来说，计算出来的结果占据原始抵押贷款的比例都差不多。于是阿美林告诉银行客户，无论贷款多少，无论何种情况，公司都会按照这个比例来赔付，从而避免了对赔偿金额的复杂分析。对银行而言，它们并不关心从单个违约客户那里能收回的金额，重要的是收回的总金额，它们也的确是这样做的。通过低精确度的核保流程和赔付金额计算方式，阿美林能够更高效地完成工作，同时降低大量成本和保费金额。在不到两年的时间里，阿美林从一家初创公司成长为价值 20 亿美元的大公司，占据抵押贷款保险市场 6% 的份额，并成为通用电气公司和美国抵押保险公司（MGIC）这样的大公司不容小觑的竞争对手。

有时，提高精确度也能取得成效。为了了解这是如何起作用的，让我们回到前进保险公司的案例中。前进保险公司的业务起源于高风险的汽车保险业务，涵盖了因收入、驾驶记录或其他问题而很难在其他公司获得保险的人员。大多数保险公司将这样的驾驶员分为几个类别，计算平均成本和保费金额，希望能尽可能减少赔偿比例。前进保险公司决定采取更精确的做法——对驾驶员进行细分，细分出的类别数量为竞争对手的十倍。例如，前进保险公司没有草率地将所有年轻男性都视为事故高发群体，而是仔细分析人群的教育水平、信用记录、职业和其他因素，根据每个人的特性确定不同的保费。这意味着，如果风险程度乐观，前进保险公司收取的保费有时低于竞争者；如果风险程度堪忧，则会收取更高费用。诚然，更详细的评估使公司的分析成本远高于竞争对手，但付出得到了回报。高风险客户通常会去竞争对手的公司投保，因为相较之下，对手收费低廉，而前进保险公司得到了低风险客户，他们的事故率更低。事故理赔是保险公司实际成本的主要发生处。前进保险公司的"综合赔付率"（赔款和相关费用支出与已赚保费的比率）指标数值很理想，而其他公司的综合赔付率通常超过 1，即它们在保险赔付方面存在亏损，只能通过在支付理赔前的保费投资赚取收益，从而收回成本。前进保险公司的综合赔付率维持在 0.85 ～ 0.94，也就是说，前进保险公司通过保险业务能真正赚钱，投资收益为锦上添花。精确定价成了前进保险公司在高风险市场取得成功的关键，也帮助公司成为普通驾驶员和优质驾驶员青睐的企业。

信息基础

多数公司都拥有大量数据，但使流程流畅运行需要哪些信息，它们并不总是了解。公司通常使用历史数据而非最新数据，预测数据而非实际数据，有限的数据而非广泛的数据。使用更优质的信息可以帮助公司确保流程在多个方面被更好地执行。以销售预测为例，从订购材料到人员安排，大多数公司的许多重要且成本高昂的决策都依赖于销售预测。如果销售预测有误——不出意外的话，有误才是常态——那么其他工作也会相应产生错误。修正销售预测，也就改善了其他工作。

美国通用磨坊食品公司（General Mills，简称通用磨坊）是脆谷乐（Cheerios）和许多其他消费产品的制造商，过去常常根据销售预测制定生产计划，尽管所有人都知道销售预测通常都不准确。通用磨坊的分销中心负责库存管理并处理客户订单，同时提交销售预测，通用磨坊据此安排生产。客户下单后，分销中心从制造商处订购产品。但预测总是出错，结果正如哈默的库存定律：不需要的产品存货太多，需要的却缺货。这反过来导致奇怪的、有时甚至代价高昂的后果，例如紧急短期生产，或将货物从一个分销中心转运到另一个分销中心。于是，通用磨坊决定使用实际而非预测的数据来驱动生产，我们称之为“拉动”，而不是“推动”。客户的实际订单数据被直接提供给制造商，而不再通过配送中心，避免了信息缺失和延迟。通过这种做法，制造商对客户的需求有了更宏观和更及时的了解，也能获取到分销中心库存的最新状况。更丰富和更精确的信息使制造商能够制定更及时、更准确的生产计划，然后将货物直接运送到分销中心，而无须等待分销中心订货后再送货。改革完成后，通用磨坊的库存水平下降了约 25%，而缺货情况（客户订购了货物，但分销中心却没有库存）减少了 50%。大多数管理者理所当然地认为，较低的库存水平会导致更多缺货，反之亦然。但是，通过重新设计产品部署流程以更好地利用信息，通用磨坊实现了这些看似不相容的目标，盈利能力也明显提高。

许多消费品公司将产品送到商店仓库，有些公司采用直接配送（direct store delivery）的形式，直接将产品交付给各个商店。一家拥有大量产品的制造商以往的流程是：将大量各种货物装到同一辆卡车上，到达特定商店后，司机先检查货物是否丢失，再取出商店需要的货物，清点货物后填写表格让商店经理签字，然后将表格发回总部计费。这一过程充满了各种延迟，因为一辆卡车需要携带大量货物。这种方式存在的前提是，司机在到达商店之前并不知道这个商店缺的是什么。于是，公司调整了流程，颠覆了过去的工作方式，先从店铺获取详细的销售信息，以便了解货架上剩余的货物数量。通过数据，公司提前整理出商店需要的货物，将其打包，然后将送货单附在包裹上，再按照去往商店的顺序将包裹装入卡车。现在，司机只需将附有账单的包裹放下，就能继续前往下一家商店。在这一流程中使用细化的数据信息可提高司机的效率，并大幅减少库存。

工作时间

前进保险公司处理索赔的故事，说明了某个流程中何时需完成某项工作的要素，但这只是冰山一角。改变工作时间的方法很多：往前或往后移动步骤，将先前按顺序完成的工作转换为并行推进，或者更改某些工作的相对顺序。

纽约市有一家医院希望提高心血管外科手术量，医院的医生们在这方面具有丰富的专业知识和很强的技术水平，却无法获得足够的转诊。因为当有心脏病专家想要送病人到该医院手术时，医院往往需要花很长时间才能回复是否接收。从心脏病专家联系医院到医院回复，中间时间长达 9 小时，这时病人常常已入住另一家医院。经过调查，医院发现延误的原因是医院会先安排病床，安排好之后再回复。就好像医院认为当病人送到时，可能会来不及准备病床。然而，我们看看曼哈顿的交通状况，就知道患者不可能那么快被送到。新的流程中，医院改为立即回复，在患者运送途中将病床准备好，结果前来治疗的心血管患者数量明显增加。

医院还意识到，在实际手术前，患者平均需要住院两天半。这对医院而言成本很高，因为等待手术的患者支付的是基本房费，而需要更多护理的其他患者本可以按更高的日费率住进病房。更重要的是，在等待手术期间，患者花费了不必要的金钱和时间，还冒着被感染的风险住院。医院通过仔细观察发现，在等待手术的两天半的时间里，几乎所有病人都只是在吃饭、睡觉和等待，都是非增值类步骤。手术和术后的测试及说明工作是在此期间发生的唯一重要活动。医院意识到，这些工作几乎都可以在流程的早期进行，在门诊即可处理。患者到达医院后，只需进行不到一个小时的测试。流程的改进使近 40% 的手术可以当天完成，在降低成本的同时有利于患者健康。

时尚产业竞争异常激烈，企业必须抓住消费者的季节性偏好，即便如此，工作时间仍可调整。Zara 很时髦，Zara 很酷，Zara 是世界上发展最快的服装公司之一，也是最具竞争力的服装公司之一。Zara 的商店遍布欧洲各地，2010 年已开始进军美国和亚洲。Zara 的成功似乎基于一种神奇的本能，即在合适的时间以合适的价格提供合适的时尚产品。

但 Zara 成功的秘诀并不是让一群优秀的时装设计师在合同的约束下埋头苦干。Zara 没有获取当季流行趋势的特殊方式，它的成功建立在既普通又强大的流程之上。大多数服装制造商目前在亚洲地区进行生产，原因显而易见：成本低廉。但 Zara 不是，它的大部分产品在欧洲生产，并以相对较小的批量生产。毫无疑问，Zara 的生产成本远高于竞争对手，但它并不在意。在亚洲生产意味着交货时间拉长，在新季到来之前，服装公司必须提前决定需要生产的商品。问题在于，时尚潮流是无法预测的。当新季开始时，公司在很多个月前选择的衣服可能无法满足消费者偏好。相比之下，Zara 有 80% 以上的产品是在新季开始后才生产的。在新季初期，Zara 会少量生产各种款式，投入市场试水，以了解时尚行情，然后全力生产销售情况良好的产品，而不生产销售情况差的产品。Zara 的制造成本可能很高，但它拥有消费者想要的产品，而且销售得更多。新季结束时，它同样不得不降价销售部分商品，但降幅较小。在这个案例中，Zara 改变了产品开发的时机，直到在市场上进行小规模测试后才决定生产什么。

执行者

流程重新设计带来的最常见变化是改变了工作的执行者，以及他们与他人合作的方式。在回答“谁做什么工作”的问题上，常见的一个重大错误是以人为中心而不是以工作为中心，这是很容易犯的错。库存管理应该由谁来做？好吧，哈里已经做了多年，他是最佳人选。在那个岗位上，哈里可能拥有最高级的技能，但同样也可能仅仅因为他不擅长别的事情而只能被安排在那个岗位上。无论实际情况如何，这项工作都建立在哈里的能力（或能力不足）之上，而不是建立在这项工作与其他工作的关联之上。也许公司应该改变这项工作本身的某个部分，而这实际上也会相应改变执行者。不要为了适应特定的个人而不得不在工作中增添重复劳动。在流程重新设计中，不应存在特殊个体。

当我们问“谁应该做这项工作”时，最常见的含义是想指定一个“一条龙工作人员”（caseworker），即一个被指派并授权负责该项工作的人。在大多数公司中，管理者有责任确保顺利完成一些大型工作，但是管理者很少与其他部门的主管直接地、频繁地交流，而其他部门的主管有时也会需要处理较大型的工作。各个部门虽然都在为了完成项目共同努力，但各自都不知道其他部门所做的、已经完成的或即将做的工作。这是传统的孤岛型架构。一条龙工作人员跨越这些孤岛，从每个孤岛中获取所需要的内容，以便更快、更有效地完成工作，减少延迟和错误。通过将任务集中在一个人身上，可以减少工作在人与人之间传递的过程和与之相伴的延迟和错误。

以电话公司为例，来自客户的咨询电话通常涉及三个员工：一个接听电话，一个判断问题所在，还有一个解决问题。现在，由一条龙工作人员接听电话、确定故障原因、通过计算机系统解决问题。如果计算机系统无法解决，则由他派遣技术人员协助客户处理。通过“首次呼叫解决方案”（first-call resolution，FCR），客户第一次来电就能解决问题的百分比从 0.5% 飙升至 74%，增长近 150 倍。

壳牌工业润滑油集团（Shell Lubricants，简称壳牌公司）收到的订单过去常常在 7 个不同的部门之间来回切换。现在，企业设立一条龙工作人员负责从收到订单到货物发出后生成账单的整个流程。通过这个端到端流程，企业完成订单所消耗的时间减少了 60%，准确性提高了 60%，订单履行成本下降了 40%，客户满意度增长了一倍。

一条龙工作人员的方法适用于所有步骤都相对简单的流程，至少在大多数情况下，可以由一个人全权负责。如有必要，可以由特定领域的专家提供支持，如果出现异常复杂的情况，专家可以提供帮助。但是，如果部分或全部步骤都很复杂且需要深入的专业培训，一条龙工作人员的模式将失去效力。举个例子，要让同一个人在新产品开发中进行思路设计、技术实施、市场研究、成本分析和生产可行性研究，是不太可能的。但在复杂情况下还有另一种选择：一条龙工作小组（case team）。

一条龙工作小组所做的工作与一条龙工作人员类似，小组作为一个整体，运用内部各成员的技能来解决问题。可以把一条龙工作小组理解为有“三头六臂”的一条龙工作人员。那么一条龙工作小组与装配线有什么区别？首先，一条龙工作小组的成员有共同的目标。虽然他们具体负责执行不同的任务，但都专注于整个流程及其结果，而不仅仅是个人的工作。其次，他们的视野超越了自身狭隘的领域。他们了解整个流程，了解彼此的工作内容，并且了解自己的工作会对其他人造成的影响。他们彼此分享信息并对工作大局看法一致。最后，他们的工位可能位于同一区域。所有这些意味着他们是在共同工作而不是各有目的，由此产生的业绩提高可以接近一条龙工作人员实现的业绩提升。

美国施奈德物流公司（Schneider National，以下简称施奈德）是一家位于威斯康星州格林湾的私人货运公司，是美国最大的满载货运服务提供商。施奈德的主要端到端流程之一被称为“获得新业务”。最初，它旨在提升销售额，但它同时也惠及其他部门。此流程的一个主要方面是提供报价以响应客户的运输需求。过去的流程涉及多个部门——定价、合同、计费、容量管理等，并且各部门会被要求多次参与流程。不同领域本身的复杂性使得流程过于复杂，无法让单个一条龙工作人员处理。于是施奈德创建了客户响应和开发团队，其中包括从这些不同部门中挑选出来的人员，他们将共同响应特定类型的客户：一个团队负责零售商，另一个负责制造商，等等。过去，施奈德需要花费 30 天才能提供报价，而通过新流程，公司可以在不到 2 天的时间内报价。作为第一个对客户订单做出回应的公司，施奈德更加有机会吸引客户的目光，避免与竞争对手在价格方面正面竞争。施奈德的赢率，即中标的百分比，因此增加了 70%。

在空调制造商特灵（Trane）的一个部门中，客户订单在从客户服务到产品设计，再到工业工程、调度及生产的流程中，都会面临无休止的争论，因为每个部门有自己的议程和关注点。同样，为了解决问题，公司也创建了一条龙工作小组，其中包含每个团队的专业人员，他们聚在一起负责从头到尾处理整个订单。最终，完成订单的时间减少了约 70%。“速度杀手”的口号既被用于防止交通事故，也被用于减少药物使用。但是，在商业世界中，速度至关重要。通过更快完成订单，特灵得以大幅减少库存，节省宝贵的现金流。它还能帮助客户降低库存水平，因为客户可以保留更少的库存等待特灵空调发货。快速完成订单，就可以更快地向客户发出账单并更快获得付款——甚至可能在你向自己的供应商付款之前。

然而，在某些情况下，一条龙工作小组也不是万能的，在员工工作规律不同的情况下尤其如此。例如，在医疗保健中，患有复杂病症的患者可能会被许多不同专业的不同医生治疗，但没法称他们为团队。每一个人都专注于自己的专业，他们甚至可能不会碰面，像夜里来来往往的船一样。一个医生知道的信息无法传达给他人，这种不协调的治疗方式可能造成医疗错误，带来药物相互作用以及资源使用不当的问题，对于患者关心的“什么时候可以回家”的问题，医生也无法回答。越来越多的医院正在使用的解决方案是住院医生（hospitalist）模式，其职责是管理患者护理的整个流程，协调所有参与治疗的专家。住院医生会记录治疗方式、时间表和药物等事项，是患者住院期间的主要联系人。住院医生是我们所说的任务负责人（case manager）的一个例子，他通过协调其他人的工作来简化整个流程，提高流程效率。任务负责人模式适用于许多情况，其特征在于解决专家松散地聚集在一起完成复杂项目的情况，也适用于从客户服务到电脑系统安装等情况。

“执行者”的主题还有其他变体。一个是询问对特定任务的技能要求是否为真实需要。也许要求可以降低，或者应该提升。一些医院正在用分诊医生取代分诊护士决定哪些患者需要最紧急的治疗。尽管让医生担任这个角色会提高成本，但医生通常可以进行更精确的评估，甚至可以直接与患者沟通，从而使整个流程更加有效。而在杜克电力公司（Duke Power），现场的线路工人正在负责以往需要工程师回到办公室才能决定的工作。该公司意识到，线路工人有足够的知识和专业度来做决定，这样可以加快速度，让工程师专注于只有他们能完成的工作。

工作地点

我们可以参考在房地产行业中广为流传的一句谚语：房产的三个最重要的方面是地点、地点，还是地点。在考虑流程设计的过程中，流程执行的地点非常重要，但许多企业在决定工作地点时都过于守旧了。外包和离岸外包最近很受欢迎，但要想获得显著的业绩改善，公司其实不需要做出如此巨大的改变。

一家汽车零件制造商过去有这样一个简单的政策：在制作新零件的样品时，用于制造零件的工具要与零件在同一家工厂生产。表面上看似乎很合理，制造商无需将工具从制造地点运输至使用地点。然而，实际上生产新样品的工厂，往往正在重组设备以适应新样品生产要求，这意味着设备会很繁忙，无暇生产制造零件的工具。公司的这个政策实际上造成了生产流程的推迟。新流程改革后，工具的制作改为在邻近的有空余生产线的工厂进行。即使需要用卡车在两个工厂之间运输，也可以比以往更快完成工具的生产，因此零件也能更快完成生产。这使得样品生产时间缩短了 85%，这反过来又大幅提高了公司获得新产品合同的速度。这正是端到端思维在工作中的强大作用。在狭隘的背景下思考工具制造的问题可以得出一个解决方案，然而在更广泛的环境下看待它，你会得出截然不同的结论。

所有大型汽车制造商都拥有一个大仓库，存储着经销商可能订购的零件，仓库规模的庞大程度可想而知。在如此庞大的仓库中寻找零件就带来了一个挑战，即拣货员在拣货时，从一个零件的存储位置移动到下一个零件的存储位置所花费的时间。对于这个问题，许多公司做出过尝试，从为拣货员配备自行车到试图让机器人拣货，这些尝试的结果通常要么是效果甚微，要么是灾难性的悲剧。一家公司另辟蹊径：改变部件挑选的地点。不再让拣货员前往部件所在的地点，而是让部件前往拣货员的所在地。大多数零件被存放在小型贮藏箱内，并被放置在传送带上（类比干洗店），拣货员将所需部件录入计算机系统之后，传送带立刻将部件送到拣货员面前。当传送带停止时，拣货员拿走所需的部件，再录入下一个。新流程中，拣货员将时间花费在拣货（增值类工作）而非路途上（非增值类工作）。拣货员在等待传送带运送部件时，可以同时拣选其他订单的零件。

完成工作流程的地点可以不止一处。事实上，是采用集中化还是分散化的方式，是公司需要重新思考的内容。你是希望在一个地方完成工作，将成品分发给其他区域或运送给客户，还是希望在多个地点完成工作，因为可以更好地为不同地区的客户提供服务？这些都是很好的问题，因为任何一种选择都有其优势和劣势。但是大多数公司似乎很难做出抉择，所以它们在两者之间摇摆不定，一开始选择集中化，然后又发现将权力下放更高效。公司可能最初决定集中化管理，以实现更好的管控和规模经济。但是，受到“这山望着那山高”思维的影响，这个决定将很快被逆转，公司继而实施分散化管理，以实现更大的灵活性和更快的速度。此外，公司的决定总是莽撞迟钝的，常常推翻整个流程，而不只是调整应该被调整的工作。这样做的结果是，每个流程的缺点显露无遗，同时公司也浪费了所有优势。

一些公司，比如惠普，已经找到了摆脱霍布森选择（Hobson’s choice）的方法。他们融合了集中化和分散化，利用集中化固有的可控制性和规模经济，同时受益于分散化的灵活性和速度。惠普全球打印机的运营方式是一个典型的例子。打印机是非常通用的产品，受益于集中生产的规模经济。但同时，打印机需要电源插座才能工作，消费者需要知道如何操作打印机。而世界不同地区的电源插座不尽相同，消费者沟通和阅读的语言也各不一样。因此，惠普在总部集中生产打印机、电源线和用户手册，然后将它们运送至区域分销点，在分销点完成电源线和用户手册的包装工作。

工作内容

现在，我们已经介绍了流程设计的 7 个要素中的 6 个——在特定情况下的工作必要性、工作精确度、信息基础、工作时间、执行者和工作地点。我们将至关重要的“工作内容”问题留到最后来说明，因为“我们应该做什么”的答案包含了流程设计的前 6 个要素，工作内容是流程设计的基础，它提出了所有工作的核心问题：为了实现客户需求，我们需要做什么？要回答这个问题，我们首先需要说明流程设计应当包括哪些步骤。

大多数情况下，新流程包含的增值类步骤与旧流程相同。毕竟你不会想要减少能获取增值的工作，这才是客户愿意支付费用的地方。但是，新流程可能会在旧流程的基础上增加额外的增值类步骤。以前进保险公司为例，回想一下它是如何开发出可以识别和分类潜在用户的流程，如何通过分析区别高风险客户和低风险客户。这个流程的出现使它有别于大多数保险公司，对于大多数保险公司简单地混在一起的人群（如 25 岁以下的年轻男性），前进保险公司能提供不同的报价。这样做使得它能根据投保人的实际风险来定价。不仅如此，前进保险公司更进一步：不单提供自己的报价，同时也将竞争对手在与其类似的政策上所收取的费用一并告诉潜在客户，即使竞争对手的价格更低。额外提供的信息带来了两个影响。首先，前进保险公司为客户创造了信任感。从来没有保险公司这样做，但客户其实很需要这些信息。对公司来说，创造信任非常困难，其价值无法量化，但却是竞争中关键的差异化因素。其次，因为前进保险公司能够在笼统的分类中识别出高风险个人，提供高报价，同时向他们展示相同情况下其他更便宜的公司，使得其中许多客户转而向其他公司申请。瞧！前进保险公司成功劝说高风险客户转投其他保险公司，同时吸引更多优质客户购买自家保险，从而实现双赢。

“应该做什么”的问题也能让公司摆脱旧流程中的步骤。取消对公司或客户无用的浪费类步骤是明智之举。然而，真正需要思考的是如何淘汰非增值类工作，即公司必须做，但客户并不关心、也不会为此付出成本的工作。还记得导论中的安德朗航空航天公司吗？在重新设计流程之前，它在从收到订单到发货的各个阶段里，对每位客户进行了至少 6 次信用检查。不用说，第一次与第六次信用检查的结果并不会有多大的不同。那之后的 5 次信用检查有什么意义呢？新流程中，客户下单后，安德朗只做一次信用检查。

与其他组织一样，美国空军需要不断培训人员掌握各种技能。但是，一些课程的注册过程非常烦琐。如果某个士兵对特定培训课程感兴趣，他需要先获取指导员批准。指导员批准后，其培训申请会被提交给基地指挥官。基地指挥官批准后，接着需要基地指挥官的领导批准。最后，申请才能提交给登记员进行登记。问题在于，整个流程耗时长达 40 天，这意味着急需培训的士兵无法如愿参加课程。分析显示，基地指挥官及其领导都从未驳回过培训请求。如果一线指导员批准士兵的申请，后面的流程将毫无障碍。基地指挥官不需要批准，只需被告知即可。因此，新流程取消了两个批准步骤，原本 40 天的时间周期缩短为 1 天。

位于马萨诸塞州剑桥市的麻省理工学院和哈佛大学长期以来一直允许学生互相跨校选课。最初，两所学校会分别审核来自对方学校学生的学分，在学期结束时向对方学校收取相应的学费。他们一直如此操作，直到有人发现两个学校课程账单之间的差异小于计算、发送和支付账单的成本。于是整个计费流程被淘汰。

对于被广泛采用的供应商管理库存（VMI）模式，我们也可以从工作内容的角度进行理解。在 VMI 中，供应商负责管理客户的商品库存（在某些情况下，甚至要管理从竞争对手那里订购的商品）。供应商会跟踪客户的库存水平，并在低于商定水平时自动补充库存。这对供应商来说，无疑增加了订单履行流程的步骤，供应商不仅必须完成订单，还需要创建订单。但是，供应商完成这项工作能为客户节省很多精力，从而转化为销售额的增加，甚至价格的提高。此外，通过了解客户的库存水平，供应商可以按需生产，从而更准确地进行销售预测并降低其成品库存水平，所以并不会因为流程步骤增加而产生额外成本。

大多数航空公司现在都安装了机场自助值机亭，旅客可以自助值机，不必前往柜台办理。从流程的角度来看，航空公司的流程减少了一步，旅客的流程增加了一步，但两者同时受益。旅客办理登机手续更加便捷，排队时间减少，航空公司的操作成本也更低。

请注意，在工作内容的这些示例中，每个都包含至少一个其他的流程设计要素。很多时候，进行流程设计的人会在 7 个要素之间划清界限，这是不对的。7 个要素是相互关联的而非孤立的，可以通过几个不同的途径达成同一结果。美国空军培训登记流程的改变涉及改变批准申请的“执行者”和批准工作的“工作必要性”；麻省理工学院和哈佛大学的学费问题涉及账单工作的“工作必要性”；采用 VMI 的消费品公司在决定为零售商管理库存时，必须改变“工作内容”；直接配送流程仅在供货方拥有更全面的“信息基础”时才能发挥作用，它也代表了“工作地点”（即在仓库决定该上架什么货品，而不是在商店里决定）以及“工作时间”（即上架货品在装载之前就决定，而不是在司机到达商店之后才决定）的变化。新的流程设计通常根据不止一个设计要素来更改，这才合乎逻辑。例子的精确度和详细程度不重要，激发你的想法才是我们的目标。

现在我们已经介绍了流程重新设计的 7 个要素。流程重新设计不需要艺术灵感，但确实需要一定程度的想象力和创造力，以及良好的商业直觉和判断力。你必须明白，流程重新设计实际上在某些方面可能会使成本增加（如 Zara 的制造成本的增加），以换取其他收益。在 Zara 的案例中，公司得以减少需要大幅打折或直接废弃的衣服，因此能获得比竞争对手更高的利润。

让我们梳理一下，我们刚刚研究过的流程设计要素并不能提供完整的流程设计步骤，只能提供思路。将突破性概念转变为完整的新流程设计需要大量艰苦而细致的工作，但这并不是让管理人员和经营者觉得最痛苦的。最困难和最可怕的部分是首先提出一个好想法，好的想法隐含着巨大的变化。如果你能克服对改变的恐惧并决定冒险，那么这 7 个要素就能给你指引。

了解所在地，找寻目的地

在航海行业中有一条公理：要想到达目的地，你必须知道自己现在的位置。使用流程设计要素要求你了解现有流程，但需要注意的是：

流程重新设计中最常见的错误是对现有流程过度研究，我们称之为沉迷“原样”（as-is）。寻找改善现有流程的方法、隔离流程中的缺陷或对其调整以使其变得更好是极具诱惑力的。如果你准备这样开展流程重新设计工作，那么细节真的很重要，但这样开始改革其实是非常糟糕的主意。在流程设计中，我们可以确定的一件事是必须抛弃旧流程，而不是修复或改进。旧流程中唯一需要保存的是增值类步骤。我们将通过改变流程的一个或多个维度，来以不同的方式对增值类工作进行重组，然后引入尽可能少的非增值类工作，使流程重新运作起来。

因此，忘掉现有流程的细节。你可以在操作中观察现有流程，从头到尾对其进行梳理，记录所有步骤，尤其是增值类步骤。如果你坚持，你可以使用市场上的软件工具（如 Microsoft Visio）记录你所发现的内容。但是坦率地说，将步骤记录在纸上，然后贴到墙上会有趣得多。你可以使用经典方框来表示每个部门，但是绘制流程图时，应该将这些方框放在我们称之为“泳道”（swim lane）的位置。就像在游泳时停留在自己的泳道上一样，每个部门也被分配到不同的区域。这样，在流程中，每次从一个部门切换到另一个部门时，你都会注意到你正在越过一个“泳道”分割线，越过“泳道”分割线意味着延误和成本，它发生的次数越多，就意味着流程越糟糕。

流程重新设计的步骤

流程设计需要分步进行。结合多年来的实践，我们将步骤总结为：动员、诊断、改造和转变。更通俗地说，这 4 个步骤是：组织人员（get organized）、找准目标（get oriented）、疯狂设计（get crazy）、试运行（get real）。

组织人员

第一步，动员或组织人员，召集流程设计所需的人员。首先你要明确一点：流程设计不是单打独斗。如果你试图在没有他人帮助的情况下自己完成，你会发现梳理现有流程极其困难，更严重的是很难出现好的想法。你需要一个团队来提出各种各样的想法，进行评估和批评，然后将最优的想法组合为成功的整体。流程重新设计团队应该包含内部人员和外部人员。内部人员是在现有流程中工作并熟悉流程的员工。你需要他们的可靠，以及他们对客户和新流程的直觉。但是，如果团队仅包含内部人员，创造出的新流程可能会与现有流程差异不大。对于旧流程他们太过熟悉，而且可能投入过很多心血，所以很难提出真正的原创想法或完全抛弃旧思想。内部人员需要流程之外的工作人员进行平衡。外部人员可能对流程一无所知，但只要他们聪明，就能带来新鲜的观点，愿意提出可能没有答案的幼稚问题，并且不存在关于“应该如何工作”的先入为主的观念。根据公司的规模和流程的复杂程度不同，团队的规模可能会有所不同，但对大型公司而言，设计团队成员为 7 人（可加减 2 人）较为合适。人数过多会不易运作，过少则团队影响力不足。

还有一种错误趋势是让流程重新设计团队兼职参与工作。兼职的设计团队很少成功的原因，除了杂乱的时间表、平衡设计项目与其他职责、应对日常工作中不可避免的紧急情况，以及被分散的忠诚度以外，还有很多。你需要花费时间和精力，才能让这些人从现在的工作和老板手中脱离出来，在接下来的几个月中全职参与流程设计工作，但长远来看，这对所有相关人员来说都是值得的。

不要满足于挑选“还过得去”的人。这项工作需要才能和判断力，还需要分析思维，能够在管理细节的同时专注大局（即整体流程），以及真正的团队合作能力和“跳出现有框架思考”的意愿。最好的设计团队总是多样性的：成员教育背景不同、生活经历不同、工作年限不同、职级和职称不同，专业能力也不同。关于职级和头衔，你需要注意：职级过高的员工可能会无意中对团队造成压力，就像老板突然出现在员工会议上，会场立刻安静下来一样。当团队成员试图协同工作时，不可避免地会产生冲突，这其实是一件很棒的事情。团队可以利用冲突，将其转变为设计新流程的想象力和能量，最终产生让人惊叹的好点子，人们不禁会问：“你是怎么想出来的?”

找准目标

第二步，诊断或找准目标，主要涉及了解现有流程，以及分析其满足或不满足客户需求的程度。之前我们已经注意到，将现有流程中的所有步骤贴在墙上或展示在泳道图上是最有用的。无论用什么方法，适合就好。但诊断中最关键的一步是发现客户需要什么，以及现有流程为何无法满足这些需求，这是“客户之声”的真实含义。我们可以保证，无论你认为客户多么满意，他们都不可能如你想象中的那样满意。实际上，请记住，流程中员工付出的许多努力都是为了响应特定的客户投诉，甚至是客户危机。还记得导论中安德朗的案例吗？其中一个最大的客户几乎等于与其解除了合作，为了挽回客户，公司才转向流程改革。

你召集的设计团队已经了解了公司的客户关系情况，但你不知道其中的准确度和完整度如何，所以需要做实地调研。为此，你要么让设计团队实地拜访客户，要么将客户约到公司参加会议，了解他们的真实需要。有效方法之一是让团队中的成员在白板上写下自己理解的客户需求，在这份需求清单完成后，请客户到白板前标记正确的需求。结果可能会使你震惊。

这里有一个实际操作中经常发生的情况：销售人员走到房间前面，自信地写下“当需要时你会想起我们，你希望能以相对低廉的价格购买高质量的产品”。

当客户对该清单做出回应时，每个人都会惊讶地听到客户说：“是的，我们希望能在需要的时候获得产品，但我们并不总能及时得到。所以，如果能持续快速地得到产品，即使付出更多成本我们也愿意。”

我们合作过的一家公司时常能在承诺的交付日期交付产品，该公司甚以为傲。但当设计团队询问客户需要什么时，客户说：“你们给的交货日期从 2 天到 3 周不等，你们也确实能在约定的时间内完成。但是由于时间变化范围太大，我们很难预测和规划自己的生产。如果你们能给我们一个固定的周期，我们可以更方便地安排时间，在下单后，我们就能知道在 2 天或 3 周后某一天交货。无论周期长短，准确的时间可以更好地帮助我们规划工作。”

许多公司声称拥有良好的客户关系。但客户关系不同于其他关系，随着时间的推移，我们会将其视为理所当然，在信息不充裕的情况下做出假设，忽略对方的意见。我们只想着出售自己的产品，而并未专注于识别和解决客户的问题。要想设计出高效的流程，你就不能将客户视为理所当然，并且不要误以为记录下客户投诉就完成工作了，只是记录于事无补，你真正要做的是理解抱怨，那复杂得多。正如马克・吐温曾经说过的：“抱歉写了如此长信，因为我无暇把它缩短。”当你能简单清楚地解释客户遇到的问题和情况，而不仅仅是复述他们的话时，你才真正理解了客户的心声。

疯狂设计

我们特意将重新设计阶段称为疯狂设计阶段，这是因为设计团队现在可以释放他们所有的创造力和才能，真正跳出盒子思考（或者更确切地说，跳出工作流程的条条框框和组织结构）。当他们认真考虑设计的7个要素，互相争论，并尝试不同的潜在解决方案时，问题会一个接一个地出现：在这里如果这样做，会有什么结果呢？这个由谁完成，在哪里完成，为什么？此时，团队成员不应再考虑各自的部门或职能，这是旧的工作方式。现在的问题在于如何挑选某项工作的合适人选。要始终牢记，我们需要彻底改变服务客户的方式。在倾听客户之声的同时，设计团队还必须倾听企业业务的需求之声，以确保自己有足够的资源和技能使新流程为企业的利益服务。

通常，疯狂设计步骤的最后以实施模拟运行结尾。这相当于一次排练，团队成员及将受到新流程影响的部门或职能部门的代表共同参加，一起完成所有步骤，寻找明显的问题或遗漏。模拟运行不会对客户产生影响，也不会影响公司的持续运营。此时你可能无法使用必要的信息技术，除非 IT 部门创建能获取信息，但不会传输出去的演示模式。第一次模拟可由团队成员自己完成，也可由将要运行新流程的实际执行者完成。当然，如果第一次迭代由团队成员完成，那么实际参与工作的员工应该参与第二次和第三次模拟。模拟运行不仅是为了测试新流程的功能，也是在测试新流程运行的辅助因素，例如培训和指标。对团队成员来说，他们会痛苦地发现第一次的重新设计有很多很明显的问题，或许还是很严重的问题。没关系，只要小组领导的工作做得好，团队成员就不会感到气馁，不会失去信心。他们会把问题视为机会，在缺陷显露之前改进。值得注意的是，对团队成员来说，跳过模拟步骤可能具有强大的诱惑，特别是当设计团队的进度落后于计划或超出预算时。不要屈服于那种诱惑。跳过模拟步骤的结果将使你感到尴尬，可能损害客户利益，甚至可能对流程的重新设计工作造成很大困扰。在确定新流程之前，需要尽可能提高流程准确度。

试运行

这是从设计工作到新流程实施的最后一步，我们将其称为试运行。现在新流程将直接影响公司和客户。这一步骤主要是对新流程进行小规模测试。与脱离实际环境、单独完成的模拟不同，试运行使用真实库存、真实系统（假设已准备就绪）以及真实的一切。你可以通过多种不同方式进行试运行：测试一个客户、一个产品或一个区域。我们保证，当试运行开始时，有些人会非常紧张。流程负责人将像准父亲一样紧张，他想要知道自己是否会有一个丑孩子。但由于测试规模很小，所以流程有缺陷也没关系。如果是个丑孩子，设计团队可以在其面世前完成改进。

在开始试运行之前，请确保所有将受到新流程运行结果影响的客户都知晓这件事。要想方便快捷地了解到流程运行的效果，你可以邀请一位或多位客户代表观察模拟运行的过程，以便让他们了解可能出现的结果。毫无疑问试运行会出现问题，但不应该是大问题，它们应该更像是开车时调整镜子和座椅位置，而不是在移动中换轮胎那么复杂。

当开始试运行时，你无疑会过度支持、过度测量和过度检查新流程的每个方面。没关系，关注得多比关注得少好。试点阶段最重要的是让指标开始趋向于新目标，但你没有必要立刻就实现那些目标。不过，如果指标引导的方向有误，那么你应该立即停止试验，回过头来检查流程的设计和操作者的操作模式。你必须找到问题的根本原因，并将其解决。但是，如果试点阶段运行良好，这些指标可能会从一开始就按照预期的方式发展。随着时间的推移，你的测量结果显示流程运行稳定，能够实现目标（或朝目标方向发展），并且可以持续运行，你就可以开始放松一点，不必刻意关注所有工作了。但你要为非正常情况做好准备，比如从未有过的大订单。如果发生这种情况，请加强监控，以确保流程能够应对环境的变化。

从这一点来看，一切都在稳步向前推进。你会将更多的客户带入新流程，将新流程扩展到更多区域，逐步将其作为新运作方式。但是不要放松！重要的是记住当设计新流程时，你接收的是传统流程的输出，并为传统流程提供输入，无论是在自己的公司还是在客户的商店中，都存在着旧流程。流程的重新设计必须反映出与旧流程的联系。下一步是重新设计那些旧流程，但完成它又会对与新流程的连接产生交叉影响。所以问题又回到画图阶段，为了接收来自新的高效流程的输出，你的初始流程设计必须进行修改，并为另一个高效流程提供输入。真的无暇休息！

流程重新设计是迈向更高企业绩效的第一步。流程设计将为流程中的人员带来很多变化。员工行为由绩效驱动，但他们必须习惯另一种工作方式。在第 2 章中，我们将研究指标及它在成功的流程中发挥的关键作用。

设计注意事项

- 花时间了解你正在重新设计的流程。方法之一是将自己融入订单或流程的一个方面，并从头到尾跟进。
- 以“泳道”方式记录现有流程，用水平行或垂直列描绘每个部门对流程的影响，便于你直观地了解部门间移交责任的次数。
- 让设计团队和整个企业做好准备，以应对流程重新设计中不可避免地出现的错误。没有人能在第一次就创造出完美的设计。

- 为每个流程设计召集不同的设计团队，并确保团队大约 2/3 的成员来自流程中涉及的各个部门，1/3 的成员为外部人员。
- 让团队成员提前知道他们将从团队的核心转变为咨询顾问，这样他们可以更加自在地接受身份转变，并减少你在调整他们工作岗位时的顾虑。
- 在整个企业内公开和广泛地宣传设计团队正在做的事情，避免谣言和八卦。确保团队成员对从日常工作中抽离感到舒服，全心全意为流程重新设计工作。
- 不要过度分析流程并沉浸其中，否则会延迟重新设计工作以及需要实现的结果。
- 不要在旧流程的“泳道”表中设计新流程，否则会让你受限于部门“竖井”，而忽略需要做的工作以及合适的人员选择。
- 不要跳过新设计的模拟运行和试运行阶段，因为这是在安全环境中发现错误的最佳时机。
- 不要在重新设计团队中投入超过 9 人，或者少于 5 人，以确保设计团队不会陷入困境，并能从各种想法和观点中获益。
- 不要让新流程看起来与即将淘汰的旧流程类似，否则最终只会做出微不足道的改进，从而产生令人失望的结果，阻碍进一步的流程设计工作。
- 不要忘记为重新设计流程的团队成员制订重新返回工作岗位的计划，这样他们能全心投入重新设计流程的工作，而不是心怀顾虑，试图兼顾旧工作。

CHAPTER 2

第 2 章

指标

设定正确的评价标准

人们使用的“自救治疗”和“12 步疗法”都基于同样的前提：在开始解决问题之前，你必须承认自己遇到了问题。所以请你深吸一口气，呼气，然后承认：“我公司的评价系统完全是一团糟。”

说完以后，是不是感觉舒服了些？

事实上，你只是承认了现代企业最肮脏的秘密之一：大多数公司用来评价（并且希望能改善）其绩效的工具几乎毫无价值。不需要太多时间，一两杯啤酒下肚之后，管理者就会开始抱怨糟糕的指标，无论是制造、客户服务、市场营销、采购或是其他业务运营方面。和我们讨论过这个话题的数百名经理人，几乎都认为他们公司的评价内容过多、过少或有误。

尽管在大多数企业中，不得不生存在评价系统内的员工几乎都认为这些系统很差，但残酷的事实还是让管理者大吃一惊。你会认为，对绩效的评价对基础管理来说是如此必需，以至于很久以前公司就应该已经设计出行之有效的评价系统。而事实并非如此，尽管人们一再努力想要使评价系统变得更好，但仍然不得不面对糟糕的绩效指标，企业似乎对此无能为力。

评价系统的“七宗罪”

公元6世纪，教皇格雷戈里（Pope Gregory the Great）提出了著名的七宗罪——贪食、贪婪、愤怒、色欲、懒惰、嫉妒和骄傲。企业评价系统也有“七宗罪”。格雷戈里的七宗罪旨在帮助个人寻求救赎，而我们的目标则相对平凡：在绩效考核方面，保护公司免受系统缺陷的致命影响。

虚荣

绩效评价系统最普遍的缺点之一是，使用的衡量标准的唯一目的是使企业及员工，尤其是管理者看起来很优秀。一位高管曾说过：“没有人想要一个无法得95分的指标。”因为奖金和其他奖励通常与绩效评价结果挂钩。例如，在分销物流领域，公司通常会根据承诺发货的日期来考核，即是否按照承诺的日期给客户发货。略微思索就能知道，这项考核指标的标准低得荒谬——公司只需按照自己能轻松做到的交货日期承诺，就能在该项指标上得到一个看起来还不错的分数。更糟糕的是，公司通常会对所谓的最后承诺日期进行考核，若交付计划有更改，对客户承诺的最终交货日期也会更改。因此，该公司很少有超过最后日期才交货的情形。然而，在最后承诺日期交货对公司业绩没有多大意义，它不会提高客户满意度或者产生其他有益的结果。要达成这个考核指标，公司需要做的就是尽量将承诺的交货日期推后。即使你设法 100% 达到目标，但客户可能在数天、数周甚至数月之前就需要这个产品了，所以不要觉得自己做得很好。

相比之下，公司以是否按照客户需要的时间交货为考核标准要好得多。但实现这一目标非常困难，并可能导致管理人员无法获得奖金。当一家半导体制造商的高管提议将考核标准中的最后承诺日期转为客户要求的日期时，遇到了很大阻力。

一家炼油厂一直使用产量，即原材料转化为可销售产品的百分比作为关键绩效指标，每个人都很高兴这个数字一直在 95% 以上。然而公司的一位新任执行官观察到，这一指标掩盖了高质量和低质量产品之间的差异。炼油厂本应只生产高质量产品，但由于加工不当，有时会导致低质量产品的出现。于是，公司测量了高质量产品的产量，结果发现比例仅为接近 70%。这才是对于炼油厂来说更有意义的评价指标。不出所料，这种见解并没有引起很多人的热情。

局限

这条罪行允许了组织边界的存在，极大地影响了绩效指标的设定。从表面上看，职能部门根据自身绩效进行考核似乎是自然而恰当的，这是管理者可以控制的范畴。然而实际上，如此狭隘的考核方式不可避免地导致了次优化和冲突。一家保险公司的 CEO 抱怨，他需要花一半的工作时间来解决销售部门和核保部门之间的纠纷。销售部门按销售额考核，因此，毫不奇怪，销售人员有动力将产品卖给所有有意愿的客户。此外，核保部门根据风险质量考核，所以核保部门希望拒绝除前景较佳的客户之外的所有人。这两个部门冲突不断，如果销售部门获胜，该公司将支付更多的赔偿金。如果核保部门获胜，公司收入将低于原本的收益。成本高或收入低？高层必须在二者之间做出选择。

自恋

人们总是倾向于从自己的角度而不是从顾客的角度思考问题，这是不可原谅的错误。一家零售商考核经销商的指标是，商店里的商品与商品销售计划中规定的库存水平的匹配程度。用这种方法考核，其指标完成率达到98%。但是，当它转而考核商店里的商品在多大程度上符合顾客的实际需求，而不是商品销售计划要求时，发现实际符合程度只有86%。另一家零售商用产品是否到达商店来衡量存货。最终公司意识到，如果产品到达商店，但没有被上架，仅仅是待在仓库里，那么它们无法吸引顾客，而且上架率比到货率低得多。这些公司关注的是它们感兴趣的东西，而不是客户感兴趣的。

一家消费品制造商管理其分销业务的方法是，关注零售商按时完成的订单比例。这一标准听起来合情合理。通过跟踪、报告和不懈地寻求改善，公司最终将这一数字提高到99.5%。这是好消息。坏消息是，当公司看到零售商货架上的真实情况，也是消费者看到的情况时，它发现，尽管如此，许多产品仍有14%的时间缺货。许多公司根据货物是否按预定日期发货来衡量订单的履行情况，这只对公司本身有利。客户关心的是收货时间，而非发货时间。一家大型计算机系统制造商也许是我们遇到过的最令人震惊的自恋的例子。公司按单个零件准时发货率考核，比如，如果系统的10个部件中有9个准时发货，该公司会声称指标完成率为90%。当然，客户会给公司0分的评级，因为如果没有拿到完整的10个部件，客户就无法使用该系统。

懒惰

即使是那些能避免自恋的人也经常陷入这种陷阱：虽然你知道什么才是重要的，却没有付出足够的思考和努力。半导体制造商考核订单处理流程中的许多方面，却忽略了对客户来说最关键的问题，即从客户下单开始，公司花了多长时间确认并提供交货日期。这是因为公司从来没想过要向客户了解其真实需求。

一家电力公司认定客户关心安装速度，将其作为指标进行考核并试图改进，后来却发现用户更关心安装日期的可靠性，而不是安装速度。公司通常会草率地得出结论，考核易于考核的指标，或者考核它们一直考核的指标，而不是搞清楚真正重要的工作是什么。

琐碎

大多数公司只考核重要事物的一个小方面。一家电信系统供应商的高管拒绝了一项让客户自行维修的提议，因为这需要在客户处存放备件，抬高备件库存水平，而备件库存水平是公司考核的关键指标之一。该公司忽略了一个事实：更广泛、更有意义的考核标准是维修总成本，即人工成本和库存成本之和。新方式带来的人工成本的下降将大大抵消零件库存增加所需的费用。

空虚

指标驱动行为，但大多数公司在制定考核标准时，却没有考虑到考核标准对员工行为和企业绩效的影响。如果将企业的考核标准告诉员工，员工就会寻求改进，特别是当改进能得到额外奖金时，即使这样做会产生不良后果。以一家专门经营鸡肉的地区性快餐连锁店为例，该店决定通过减少浪费来提高财务效益。浪费被定义为制作好的鸡肉在一天结束时因未出售而被丢弃。整个连锁餐厅的经理顺从地接受了减少浪费的指标。他们告诉手下的员工，在客人下单之前不要提前烹饪。于是，快餐连锁变成了慢餐连锁。连锁店的浪费确实减少了，但销量下降得更多。经理需要记住："要小心设定指标——你得到的可能比你想要的多。"

轻率

不认真对待指标也许是所有罪过中最严重的。它的症状很常见：一味争论考核标准而不是认真对待，为糟糕的表现寻找借口却忽略了追踪根本原因，想方设法责备别人而不是承担提高业绩表现的责任。如果其他错误是有关智力的罪过，那么这个问题就是性格和企业文化上的缺陷。一家金融服务公司里流传着一句话："指标定好，争论开始。"当自我利益、等级地位和话语权比客观数据更重要时，即使是最精心设计和实施的指标也将失去价值。

与七宗罪类似，这些罪行也经常重叠和交织，一个错误的指标可能是几种罪的综合结果。犯了这些罪的公司会发现，指标无法推动经营绩效改善，而经营绩效是提高企业绩效的关键。糟糕的评价系统往好里说是无用的，往坏里说是有害的。不要盲目相信那句老话："只要有考核，就会有提高。"如果考核的方向错误，那么把事情做得更好只会适得其反。值得注意的是，这"七宗罪"不仅管理不善或不成功的机构会犯，即使是在行业最前沿、管理良好的公司中也很普遍。即使考核系统糟糕，一些公司也会成功，但他们的成功并不是考核评价系统的功劳。

正确评价：结果和驱动因素

如果你仔细研究以上内容，你可能会说："这些企业之所以犯错，是因为它们没有评价自己的流程。"你是正确的，但只是部分正确。的确，评价端到端流程的绩效，而不是评价单个部门的绩效，有助于预防罪恶。但是，仅仅决定要去评价流程并不能保证评价方式的正确性，也不能保证这些评价指标不会让你陷入麻烦。仅仅有流程考核指标是不够的，还需要有正确的流程考核指标。但是我们怎么知道什么才是正确的流程指标？如果我们要检查订单执行、产品开发或客户支持情况，那么我们如何才能确切知道应该为它们构建什么考核指标呢？可以考核的方面有很多，那么我们如何做出正确选择呢？

答案是将流程与整体经营业绩联系起来。一家大型时装零售商的经验同时说明了为什么这很重要以及如何才能做到。这家公司正在寻求收入增长。由于管理团队中的大多数人都有营销经验，高管立即认为，增长的关键在于改进公司的广告计划，以吸引更多消费者进店购物。然而，最近刚从其他行业加入公司的首席运营官不愿草率得出结论。为此，他领导了一项测试，以确定哪些因素对公司的成功最为关键，并确定能够反映这些因素的指标。分析的简化版本如下：店铺只有吸引顾客进店并购买商品才能增加销售额，因此客流量（进入商店的顾客数量）和转化率（实际进行购物的顾客百分比）是重要的指标。然而，这些只是结果指标——它们是理想的目标，并不能被直接实现。

下一步是确定这些结果的驱动因素，即能够增加客流量和转化率，并且受公司控制的因素。广告效果和产品质量被认为是增加客流量的关键因素，因此也是考核的重要指标。转化率的提高则要求货架上产品充足（因为顾客无法购买未上架的产品），以及有足够的销售人员推销。因此，上架率和顾客覆盖率（顾客与销售人员的比例）也是重要的指标。有趣的是，过去该公司很少关注转化率或上架率，既不定期测量，也没做过太多改进。

很明显，这些指标表示，改进广告计划能提高收入的关键假设是错误的。测量结果显示，客流量、广告效果和产品质量均处于合格与优秀之间，而问题在于转化率——进店的消费者中购买产品的比例不大。问题的根源在于两方面：上架率不高，顾客覆盖率也没有达到应有的水平。这才是需要公司关注的领域，而不是广告。但是，怎样才能提高上架率和顾客覆盖率呢？这就是业绩和流程的关联处。对于每一个被考核的因素，必须识别出影响这个因素的流程。公司想要完成指标就必须设计出高效的流程，并准确无误地实施该流程。

在这个案例中，上架率被认为是供应链流程运行的结果，因此成为供应链流程的一个关键的考核指标。顾客覆盖率由员工的调度流程决定。改进两个流程以改善相关联的两个因素以后，店铺的顾客转化率提高，收入改善达到预期。另外，这样的分析使公司认识到一个与员工日程安排相关的根深蒂固的问题。过去，让员工觉得方便而不是顾客进入商店的时间是影响排班的主要因素。因此，许多员工选择在工作日的下午工作，而周末却人手不够。新考核方式和新流程很快改善了这一点。

这个案例说明了指标设定的两个关键思想：结果和驱动因素。结果是你想要实现但只能通过其他工作间接实现的目标。增加收入就是一种结果。你不能妄想瞬间直接增加收入，只能通过间接方式，让更多的顾客走进店里，并在顾客停留期间尽量销售更多商品。这些都是驱动因素，是可以控制的因素，它们能让你获得想要的结果。然而，一个结果的驱动因素也可能是另一个驱动因素的结果。企业要让消费者购买更多产品，只有通过控制其他驱动因素实现，比如上架消费者想要的产品。我们如何做到这一点？通过流程！企业在正确的指标引导下更好地运行流程，从而影响中间结果，最终影响整体结果，这是工作的重点。企业确定自身所期望的结果，将结果与流程驱动因素相关联，并为结果和驱动因素创建指标，是有效的评价系统的基础。

确定指标

为了提高流程的绩效，你首先需要做的，是确定需要集中精力完成的具体指标。正如黛博拉·霍特利（Deborah Whatley）所发现的，认识到流程如何影响企业期望的结果是实现这一点的关键。

2005 年，大型轮胎制造商米其林（Michelin）的领导层变得紧张起来。公司似乎墨守成规，失去了竞争优势。米其林公司并不真正了解顾客对自己的看法，而且在米其林内部并没有真正可识别的企业文化，其遍布全球的多家分店中混杂着不同文化。领导层决定，必须改变现状。为了启动变革，公司决定将重点放在“需求—现金”流程上，这也是对客户影响最大的流程。“需求—现金”流程广泛涵盖了从客户下单开始，到收到货物后付款为止的所有流程，并包括所有售后服务。

米其林公司北美地区的“需求—现金”流程负责人自然是黛博拉·霍特利。她拥有工程学和 MBA 学位，曾在米其林担任过几年工业工程师，从基层做起，从事过销售、运营规划以及供应链管理工作。作为北美地区的负责人，她将与欧洲的同行紧密合作，向全球“需求—现金”流程负责人汇报工作。

北美地区（主要是在南卡罗来纳州和墨西哥）的“需求—现金”流程涉及大约 300 名员工。黛博拉专注于为他们创造新的工作流程。她委托一个设计团队从头到尾重新思考整个流程，但她首先需要给团队一些行动命令，告诉他们要达到的目标，即告诉他们流程的考核指标是什么。

黛博拉和团队首先观察到了一个非常简单的结论：提高公司业绩才是改变流程的真正目的所在。当时的米其林公司正在试图减少营运资本、提高营运利润率、提高资本回报率、增加自由现金流，并提高顾客的整体满意度。为了实现这些目标，米其林必须同时降低运营成本、降低库存、加快回款，并提高服务质量。

黛博拉的团队向自己发问，他们的流程能够实现什么结果，进而影响整个企业的目标。经过一些研究和讨论，他们总结出了“需求—现金”流程的 6 个关键绩效指标。

- **客户对“需求—现金”流程表现的评价** 当客户对订单履行流程感到满意时，他们更可能对整个公司满意。
- **一步到位勿犯错** 订单需要完全符合客户的要求，这将有助于提升客户满意度，同时降低公司成本，因为纠正错误会产生高昂的成本。
- **“需求—现金”流程运营成本占公司销售额的百分比** 降低完成订单的成本可以直接影响公司的营业利润。
- **60 天以上的应收账款金额** 这反映了客户拖欠账单的程度，也是增加现金流的一大障碍。
- **“需求—现金”流程中单个员工处理的订单数量** 这一指标考核的是工作人员执行“需求—现金”流程的效率，对成本也有重大影响。
- **增加的收入** 一个设计良好的订单履行流程应该会给公司带来追加销售（upselling）和交叉销售（cross-selling）的机会，从而带来更多收入。

这些因素都可以被直接考核，它们是“需求—现金”流程的主要考核指标，也就是公司用来管理流程、评价业绩以及确定流程改造项目是否成功的指标。

理论上讲，黛博拉当时就可以停下来，用这 6 个指标来考核“需求—现金”流程。但她意识到，对这样庞大而复杂的流程来说，这些指标虽然必要，但还不够。这 6 个指标考核的结果是由更细致的问题（如订单处理、交付和账单发送）驱动的。因此，她开始探索“需求—现金”流程的子流程，并决定如何从时间、质量和成本方面考核子流程的业绩表现。以送货子流程为例，黛博拉确定了可能影响整个流程的一个或多个因素的指标：时间（投诉处理周期，或者为处理送货中的问题所花费的时间）、运输成本（运送产品给客户所需的成本）、质量（超额出货、缺货或货物损坏的比率，即 OSD[⊖]产品比例）。

令人惊讶的是，黛博拉发现，到那时为止，米其林从未测量过 OSD 产品的比例。这并不代表没有这样的货物。相反，OSD 产品确实存在，客户也经常投诉。但米其林用于考核送货情况的唯一指标是成本，因此员工关心的唯一指标也是成本。这导致投诉仅仅是被记录下来，然后转身就被塞进了抽屉。黛博拉惊恐地发现，公司已经积压了两年半的投诉。发明绝对温标的 19 世纪英国物理学家开尔文勋爵（Lord Kelvin）曾说过：“如果无法衡量，就无法改进。”如果在日常操作上使用新的考核标准，公司将会发现最值得注意的事情。

黛博拉引入的另一个新的“需求—现金”考核指标，是公司在每天中午停止发货后处理的订单的百分比。中午之后处理的订单会打乱配送中心第二天拣货和运输的计划，进而抬高成本。仓促的订单也可能导致发票错误或发出 OSD 货物。在开始考核“需求—现金”流程之前，人们模糊地意识到这是个问题，但并没有认真对待。引入这一指标后，人

⊖ 即 Over、Short, or Damaged。

们才注意到“五点钟苏西”（Five o’Clock Susie）问题。苏西每天都在快下班时处理订单，这给后续工作带来了各种各样的问题。苏西接受了指导和建议，理解了自己行为所造成的后果，进而改进了自己的做法。此外，这个新的考核方式说明了另一重要主题：某个领域的问题（在本例中指延迟订单处理）会导致其他地方出现连锁问题（如配送中心的高成本）。从结果到源头的严格跟踪有助于公司找到问题发生的真正原因，并提供能有效识别错误的正确考核方式。

但这仍不是“需求—现金”流程指标的终点。黛博拉将其中的许多工作进一步细化，以便为单个流程执行者创建与流程相关的业绩指标。这些指标会跟踪个人业绩，并识别个人行为（比如“五点钟苏西”的行为）在哪些情况下会给整个流程带来问题。例如，发出 OSD 货物的一个原因，可能是某个拣货员看错拣货单。跟踪单个拣货员的错误率能使问题凸显出来，从而激励拣货员解决问题。

每个参与到“需求—现金”流程的员工都要对流程指标负责。管理者对高级别指标和子流程指标负责；一线员工和主管负责子流程指标和个人指标。对参与奖金计划的员工来说，他们的部分奖金与指标的完成度直接相关；对于没有可变薪酬的员工，指标是绩效评估中的重要项目。

虽然在评估个人绩效时“需求—现金”考核指标很重要，但它们的主要用途是指导流程重新设计。当黛博拉的团队了解流程中的关键点之后，就能够将重新设计的重心放在这些问题上。新“需求—现金”流程设计的一个核心方面，是它使用了一条龙工作小组的概念，即 7 个设计要素中的“执行者”。由来自客户服务部、应收账款部和物流部的员工组成的团队专门服务于特定的客户群体，这是一个看似简单却带来了不小影响的改变。首先，负责应收账款的员工不再待在一个孤立的部门内部，脱离客户，仅仅处理付款。现在，应收账款专员以客户为中心，了解客户的订单和付款模式，并与客户的付款部门的员工沟通交流。在许多（希望不是大多数）例子中，延迟付款不是客户破产或试图欺诈的迹象，而通常是发货或账单工作有问题的表现。以客户为中心的应收账款专员可以识别延迟但尚未逾期的付款，并与团队中的客户服务代表合作，在问题升级前识别出并解决潜在问题。在团队中，客户服务代表现在也拥有更广泛的技能和责任，他们需要接受培训，能够回答客户最常问的问题（比如某个车型应该使用何种轮胎），而不是把问题转交出去，从而节省时间和金钱，让客户更轻松地解决问题。客户服务代表的角色也已经扩展到物流管理工作（以前由配送中心完成）。由于客户服务代表更了解客户的订购模式，因此可以更好地规划运输量，从而将更多的货物装载到单个卡车上，这既为米其林节省了成本，也意味着客户可以减少每月卸货次数。客户服务代表也成为 OSD 产品理赔的联系人，理赔申请不会一直躺在抽屉里无人处理。

新流程的结果惊人。账单错误率减少了近 60%，逾期账款下降了超过 80%，完成订单的成本下降了不止 10%。而且，最重要的也许是第一次接触时就解决客户咨询的比例从以往一个未知的基数（从未被测量）上升到现在的 98% 以上。正如结果和驱动因素分析所预测的那样，对于米其林，“需求—现金”流程的改善转变成了整体客户满意度和财务业绩的改善。

最终，“需求—现金”流程负责人管理着 100 多个流程指标。不要被这个数字吓到。指标并不是被随机挑选出来的，每个被选中的指标都是因为它会影响到米其林公司认为的关键的结果。其中最关键的指标（“需求—现金”流程的关键指标）结果会被定期报告给流程负责人和米其林高管。同时，电脑自动跟踪许多其他信息，只有当它们超出可接受的范围时，才会发出警告。一些“需求—现金”指标每日都在被计算和跟踪（如人均处理订单的数量，以便在团队遇到超负荷订单量时及时补充人手），而其他指标（如订单的一次成功率）则被每月测量，因为对这些指标测量得太过频繁是没有意义的，还可能会对人造成误导。

米其林的案例体现了高效流程指标的三个重要原则：

- **你需要保持指标的平衡性**。多年来，“平衡计分卡”一直是标准管理词汇的一部分。严格意义上讲，它指的是对企业关键绩效指标（KPI）多样性的需求，包括对以客户为中心的工作以及财务相关工作的评价。在流程级别，你需要设定一系列指标（就像米其林设定的关于成本、速度和质量方面的指标），否则你在提高对一些流程指标关注度的同时，会将其他一些指标置于极大的风险之中。
- **考核指标本身并不是目的，而是改进流程绩效的工具**。如果你不知道该如何使用某个指标，你就根本不需要它。
- **最好的考核指标不仅能记录绩效，还能预测绩效**。以客户满意度为例，客户满意度通常被称为滞后指标，当你测量并意识到有问题的时候，已经太晚了。而预测到某个客户的付款会晚于预期，有助于避免一些麻烦。

正确的指标如何影响工作

正如摩根（D. W. Morgan）学到的，合适的考核标准不仅能正确地引导流程改革，还能在很大程度上塑造员工行为。摩根是一家私人控股公司，为客户（主要是高科技制造商）提供运输管理服务，销售额为5000

万～1亿美元。摩根的工作是确保客户在正确的时间、正确的地点获得需要的东西（无论是零件还是成品），这样客户就可以开展生产并完成订单。摩根不仅使用自己的资源，也借助第三方来完成这项工作。

从表面上看，摩根是一家非常成功的公司——增长迅速、持续盈利、赢得行业赞誉，并被思科（Cisco）等客户评为年度最佳供应商。然而，公司总裁格兰特·奥普曼（Grant Opperman）察觉到问题正在逼近，这让他很痛苦。他意识到，公司虽然收入增长迅速，但利润率却在下降。他担心随着公司的发展，到目前为止帮助公司取得成功的因素——竭尽全力为客户完成工作的痴迷将无法继续为公司助力。他发现自己正在耗费越来越多的时间处理不同职能部门之间的争议。例如，业务部门只关心能否准时交货，而销售部门则关心营收增长（top-line growth）。不幸的是，这意味着销售人员并不会拒绝接受那些对运输部门来说很难完成的订单。更糟糕的是，这些员工都不太关心公司是否盈利。

因此，格兰特决定使用端到端流程和流程指标对公司进行重新整合。他首先关注了“订单—现金”流程——米其林公司称为“需求—现金”流程，他为这一流程设计的关键指标是“完美运输”，并做出了精确的定义：

- 收到订单后30分钟内，订单需要被录入摩根的电脑系统。
- 客户能在公司承诺的时间内收到货物。
- 让客户知晓订单运输的4个特定关键时点。
- 无损坏索赔。
- 可以在1小时内提供交货证明（POD）。
- 在货物送达后24小时内将账单寄给客户。
- 在运输中获得满意的利润。

这个定义的内容可能听起来很简单明了，但事实绝非如此。格兰特和他的团队花了几个月才想出这个指标。他们对内容的选择并不草率，不难看出，这些指标都有助于提高客户满意度、促进业绩增长或提高盈利能力。一些指标能驱动几个结果。例如，迅速提供账单这一做法不仅可以改善摩根的财务业绩，客户也更喜欢这样，因为他们不喜欢在报告期末结账后才收到账单。

定义了考核指标以后，格兰特和他的团队估计，像摩根这样完善的公司，至少应该有 40% 的完美运输。但实际计算时，他们惊讶地发现：摩根的完美运输率仅为 6%。

"我真想一头撞死。"格兰特说。

可以肯定的是，摩根并不是在所有方面的表现都很差，但有些确实很差。格兰特坚持认为，这不是几个不同的指标，而是一个综合考量指标，公司的每个部门和每个员工都要对此负责，否则就是在助长相互指责和冲突的风险，因为人们会选择优化自己的指标，而不考虑其他人。

格兰特决定让公司里的每个员工都重视完美运输。第一步是告知员工并宣传推广这一指标，每个星期公司里的每个员工都会收到电子邮件或一份纸质文件，上面标注了完美运输的工作内容和组成部分。每周一次的跨部门管理电话会议也会讨论这个问题。对摩根来说，这是一个重大的转变，就像对许多其他公司一样。与所有员工共享盈利信息并不常见，然而格兰特意识到，如果想让员工认同他的目标，就必须让他们参与进来，并对他们开诚布公。

格兰特还必须做到让员工主动花时间关心完美运输。为此，基于完美运输标准，他建立了一个季度奖金池，所有员工不论底薪一律平分。对一线人员来说，通过帮助提高完美运输率而获得数千美元额外收入是极具激励性的一件事。

根据完美运输等绩效指标对员工进行奖励，要比根据盈利能力等公司财务指标对员工进行奖励有效得多。原因是这个指标能被公司里的所有人观测到，大家都能看到自己的行为如何影响完美运输的一个或多个方面。如果员工不知道如何才能受到奖励，他们就很容易产生绝望或不认真的工作态度。

用不了多久，考核指标就会开始发挥塑造行为的作用。例如，只有确定了很多关于发货的数据（尺寸、重量、提货和发货信息等），摩根才能给客户定价。过去，摩根的员工关注的是成功发货，不必收集和输入派送信息。评价系统是一个沟通工具，它告诉员工什么是重要的。当员工意识到账单即时性是完美运输的关键，而账单即时性需要即时获取数据时，他们做出了相应的改进。同样，销售代表也不再做出无法兑现的承诺（大多数情况下），开始关注其他领域的工作，并在交易完成后继续与客户保持联系，不让下一个交易机会溜走。

每当你创建一个新的考核指标时，不可避免地会有人告诉你，它不合理、不可计算，或者无法改进。所有这些格兰特都遇到了。一些人抱怨说，格兰特让员工对自己无法完全控制的结果负责，这违反了物理学定律（或至少是管理原则）。格兰特回答说，客户和股东对员工狭隘的责任不感兴趣，他们只关心结果，而实现结果是每个员工的责任。另一些人则辩称，公司无法统计出完美运输指标的完成度，因为没有获得所需的所有数据。格兰特回复道：在短期内，公司要尽最大努力去做，从而在长期内获得理想的结果，但绝不妥协。还有员工提出，第三方（如卡车运输公司）对完美运输有重大影响，且不在摩根的控制范围之内。格兰特的回应是：将这个指标也用于第三方，向它们展示它们的行为是如何影响指标的，并替换掉那些不遵守规则的公司。你需要效仿格兰特的做法。引入新的考核指标对许多人来说是一件非常可怕的事，但你不能被他们的反对阻止。

格兰特授权一个流程设计团队进行更多系统上的更改，以提升和保持业绩。团队的关键想法之一是设置“客户服务支持者”（customer service advocate），他将成为客户的主要联系人，并负责和参与运输的员工沟通，以确保做到完美运输。

令人欣喜的是，这一做法确实很有效！仅过了一年多时间，摩根的完美运输率从6%飙升至85%，公司业绩也随之改善，收入增长超过40%，利润率增长10%，客户和员工满意度都有所提高。现在，格兰特正在对摩根的其他流程采用流程方法进行改革和考核。

想象力和洞察力

开发指标的基本原理——将期望的经营结果纳入流程考核中，相当简单，但如何选择具体的指标需要一些想象力和精确性，就像唐·西莫瑞利（Don Cimorelli）在富达国际（Fidelity）的人力资源服务（HRS）事业部学到的那样。这家金融服务巨头的HRS部门提供人力资源管理外包服务。

唐是负责人力资源服务流程的高级副总裁，也是业务部门的端到端流程工作的联络点。在开发流程指标时，他从企业的KPI开始，将其逐渐纳入流程考核中。

对于“需求—完成”流程，为响应客户员工的询问和服务请求，HRS开发了“首次呼叫解决方案”指标：在客户的第一通电话中解决所有问题。这个流程指标是企业多个 KPI 的驱动因素，比如客户满意度和营业利润率。

HRS 对 FCR 的定义非常严格。只有客户在接下来的 6 周内没有就同样的问题来电时，公司才认定客户的来电符合 FCR。否则，客服代表（CSR）很容易在问题没有得到解决时就将其标记为已解决问题。

要将企业 KPI 转换为流程绩效指标，需要对其业务进行深入了解。HRS 有时会没有充分考虑企业成功的驱动力。例如，在为“如何提高业务量”流程（本质上是销售流程）开发指标时，HRS 将估价周期确定为一个关键指标。这反映的是当客户提出想要改进员工福利计划时，富达国际需要多长时间来向客户反馈完成改进所需的费用。HRS 越快将评估结果反馈给客户，客户就越有可能达成交易并付款。值得注意的是，这一因素在过去从未被衡量过，因此没有人关注它。一旦将它确认为流程指标，HRS 就必须创造性地考虑如何更改流程以改进该指标。一种增加 FCR 的有效方法是给呼叫中心代表提供额外的技能培训，让他们能处理更复杂的问题，而不只是简单地把问题交给别人；另一种方法是在网站上发布信息，让客户可以自己处理问题而不必通过电话咨询。一种不太容易想得到的思路是确保客户一开始就不需要打电话。通过使用这些方法，唐和同事显著提高了富达国际的流程指标和业绩表现。

定义指标

之前讨论的案例让我们真正了解了应该考核流程的哪些方面，以及如何使用这些考核方法。然而，你还需要找到正确的考核方法。如果说通过将期望的结果与流程驱动因素联系起来，决定企业需要考核什么是一门科学，那决定如何考核就是一门艺术。因为在确定了需要考核的指标后，将数据和现象联系起来的方法有很多种。例如，如何考核客户满意度？通过客户调查结果来考核是常见的方法之一。然而，这种方法成本高、见效慢，而且无法确定客户在调查中的反馈与客户期望的行为有多相关。对客户投诉数量进行考核，其结果可能无法全面反映客户的态度，并可能受到操纵——只要不接听投诉电话，就可确保客户满意程度更高。对当前的客户投诉来说，衡量客户流失率或重复购买率也为时已晚。问题的关键不在于这些或其他考核客户满意度的指标是好是坏，而在于几乎每一项指标都有一些优点和缺点。你在设计考核标准时必须考虑以下因素。

明确性

公司对指标的定义必须仔细、精确，这样才可以减少歧义和争论。然而，“准时交货”可以有多种解释，取决于目标是什么（第一个承诺日期、最后一个承诺日期、请求日期等），以及“准时”的含义（当天、24 小时内、48 小时内等）。当一个指标没有明确的定义时，人们会以对自身有利的方式来解释，这并不奇怪。消费品公司的生产部门使用了一个不精确的生产率定义，使停机时间和周转时间有了逃出计算范围之外的机会。指标的定义还应包括使用该指标的员工部门以及考核的范围和尺度。

精确度

在很多情况下，公司希望考核能引导公司达成非常理想化的结果（客户满意度、广告效果、产品质量等）。毫无疑问，任何实际的考核标准都只是这个理想状态的近似值。公司必须牢记现实与理想状态的差别，在充分考虑其他因素所施加的限制的前提下，缩小二者的差距。

经常性费用

企业常常会希望构建复杂的机制来考核，然而事实上一个简单的考核标准就足够了。前文提到的时装零售商需要确定门店的转化率（购买商品的顾客比例），为此公司提出了各种复杂的方案，涉及电子标签和各种传感器。最后，公司决定采用低技术含量的方法，雇用高中生坐在店外，统计进店的人数和提着购物袋出来的人数。计算一个指标所耗费的成本越低、越方便，效果就越好。度量标准的周期性，即需要计算的频率，在这里也必须被考虑在内。

稳定性

设计者设计指标时，必须清楚地考虑到有利害关系的人可以在多大程度上操纵、影响该指标，或在多大程度上会鼓励员工做出公司不希望的行为。例如，在电信公司，使用通话时长来考核客户服务代表的表现，会导致客服人员接听电话过于仓促。

利用指标超越极限

在结束对考核标准的讨论之前，我们还需要探讨一个问题：如何设定业绩目标。只是说一说很容易：你需要更快、更便宜、更好，但要多快、多便宜、多好？人们通常会说"尽最大可能"，并要求设计团队尽其所能做到最好，告诉他们，天空才是极限。你希望他们尽可能将流程改造得更便宜、更快和尽可能好，这将是一个可怕的错误。根据这么模糊的指令，设计团队在向你反馈结果的时候，肯定只会带着很小的改进。为什么？因为从根本上改变流程是一件非常困难的事。它要求人们对流程有清晰的认识，对许多假设提出质疑，正如一句老生常谈的话："跳出思维定式。"企业中的许多人会发现这是一种深深的威胁，即使是设计团队内部的人员也会有这种想法。逃避如此繁重的责任是人的本性。开放式目标会让设计团队只做一些小的改变，他们会耸耸肩，坚持说这已经是他们能做到的最好。要避免这种情况，唯一方法是给出硬性的、具体的业绩目标，让他们喘不过气来。此外，设定延伸性目标，能让团队成员扩展思维，考虑他们可能会马上放弃的想法。曾经有无数个案例，设计团队向流程负责人保证他们不可能达成给定的目标。但当流程负责人坚持时，他们只能全身心投入工作，并且会设计出实际上超出目标的结果，让他们自己都感到惊讶。

但如何推导出这些目标呢？你不希望目标过于武断且无法实现，这会让团队倍感失望，并变得愤世嫉俗。你需要让他们理解你制订目标的逻辑，这样他们才会买账。以下是开发有意义的延伸性业绩目标的 6 种重要方法。

客户需求

如果客户告诉你，他们需要你达到某个水平，那么这就是你的目标。例如，一家大型信用卡公司为了使客户继续与其保持合作关系，而不是转而投奔咄咄逼人的竞争对手，对客户进行了一项调查，以确定客户真正想要的是什么，答案很清楚——能在 24 小时内补领丢失的卡。问题是，在最理想的情况下，公司更换信用卡最快也需要 72 小时，他们找不到能在 24 小时内完成这项任务的任何方法。然后，一位高管突发奇想，让公司在报纸上刊登了大量广告，宣布遗失的卡片将可在 24 小时补领。接着他们告诉新召集的设计团队：“你们现在无路可退。”设计团队惊慌失措，但他们也很有动力地设计出了可以在 24 小时内完成更换遗失的卡片的流程——最终他们做到了。

客户洞察力

然而，仅仅对客户进行调查，然后根据客户明确的要求设定目标是错误的。某些情况下，顾客的要求会比他们真正想要或需要的少，这要么是因为他们认为不可能真正实现需求，要么是因为他们在看到结果之前其实并不知道自己想要什么。你的工作是要比客户自己更了解客户，并确定会对他们真正产生影响的因素，无论他们是否提出明确要求。当前进保险公司开始重新设计理赔流程时，并不是在响应客户对更快的理赔处理的需求。相反，CEO 彼得·刘易斯（Peter Lewis）对保险客户有着深刻的直觉。他明白，发生事故是一种创伤性的经历，如果客户能迅速看到理赔员，他们会拥有更好的体验。尽管对于这个目标，公司曾进行过没完没了的争论，其他人认为他的目标既不理想也不可能实现，但他还是坚持自己的观点，要求将理赔流程的耗时从 7 天减少到 9 小时。结果毫无疑问是成功的。

竞争对手的能力

被广泛使用的标杆分析法是延伸性目标设定中的又一项重要的参考信息。如果竞争对手的能力达到了某个级别，那你同样应该达到。然而，在这方面企业经常犯两个错误。第一个错误是把竞争对手的范围界定得过于狭窄。将自己与日常竞争的公司比较是具有局限性的，你们互相熟悉彼此的操作方式，可能都在相同的条件下开展工作。通过观察非传统竞争对手（新进入市场的公司或来自邻近行业的公司）如何处理工作，才能激发企业真正的突破性思维。不仅如此，你应该看得更广，看看其他行业的公司在类似的流程中是如何操作的。例如，壳牌公司在设计预防性维护流程时，就从航空业吸取了经验。

第二个错误是把竞争对手的能力当作天花板，你应该将其视为地板。仅仅掌握别人已经能做到的事对你几乎没有好处，因为当你赶上的时候，他们很可能已经前进了一些，你只能再次开始新一轮的追赶。

财务生存能力

正如你需要倾听“客户之声”一样，你也需要倾听“企业之声”。公司需要一定的财务业绩来维持生存和竞争力，这可以被转化为非常具体的流程绩效目标。例如，米其林的高管设定了一个目标，将营运资本减少 16%，以实现所需的财务结果，这就衍生出了更详细的“需求—现金”流程绩效指标，比如处理陈旧的应收账款。

特殊情况

许多公司发现，当环境产生特殊需要时，它们也能应付自如。一家核电站的管理人员抱怨自己的日常工作流程缓慢而官僚，甚至连最简单的维修都要花上几个星期。但当管理人员被问及如果真的出现危及工作人员或附近居民安全和健康的紧急情况，是否需要几周时间修复时，答案是“当然不会”，修理工作在几分钟内就能完成。

那么，为什么其他工作无法同样做到迅速处理呢？

没过多久，他们就重新设计了流程，使日常维护和紧急维修一样迅速。

灵感洞察力

一家汽车零件制造商的关键工序周期长达 20 周，总裁宣布，目标周期是 20 天。他是如何选择这个目标的？

他说：“听起来不错，不是吗？”

实际上，这个看似疯狂的想法是能实现的。公司的一个主要竞争对手可以在 6 周（42 天）内完成整个流程，所以这是一个底线要求。考虑到这一点，将 20 周缩短到 20 天的说法有很大吸引力：易于传达，也很容易被记住。设计团队对此表示抗议，认为这个目标完全无法实现。但他们接着开始着手设计工作，最终实现将时长缩短至 18 天。

一旦设定了目标，你就需要在公司里将其广泛传播。被正式宣布的目标有一种私下宣传的目标所没有的力量。

你可能仍然会受到贪食、色欲或其他七宗罪的诱惑，但现在你已经做好了避免犯下指标评价方面的致命罪的准备。你知道如何从企业目标中派生出端到端流程的考核标准，并且对如何将其正确执行所涉及的因素非常敏感。

指标注意事项

- 检查当前考核指标所驱动的行为，以确定其是否与试图实现的结果背道而驰。
- 平衡“客户之声”和“企业之声”，以确保流程同时满足客户和企业的需求。
- 定期检查指标，并在必要时进行调整，以应对经济环境、客户基础和业务前景的变化。
- 在企业的关键绩效指标和流程指标之间建立一致性。
- 保持适当的职能部门指标，但确保流程指标优先于部门指标。
- 不要满足于使用 IT 系统就能够统计的指标，而忽略了真正重要的指标，即使必须手工统计。
- 不要设定太多指标，这会使数据看起来丰富但实际上信息十分贫乏。相反，应当关注那些真正驱动你追求“客户之声”和“企业之声”结果的指标。
- 不允许企业保留错误的但是可以轻松实现的指标和目标。
- 不要让你的指标与部门保持一致，而是应当让它们与流程保持一致，并确保支持流程的所有部门都有正确的指标。

CHAPTER 3

第 3 章

流程负责人

为流程企业设立新职位

端到端流程的目的是为完成工作创建一个更合理、更高效的框架，但是工作是由员工完成的，员工已经习惯了以某种方式工作，管理者更是如此。营销、工程、科研等职能部门的负责人在各自的部门中发挥了重要作用，积累了一定的地位和权威，而现在出现了跨越部门边界的流程改革。流程涵盖的部门中，没有一个经理对该流程从头到尾负有自然责任。可以确信，如果没有负责人，没有人会承担起确保流程尽可能好地被执行的责任。这就是为什么所有高效的流程企业都需要流程负责人。

流程负责人的角色不仅对从事该工作的员工来说是陌生的领域，对企业也是如此。我们知道什么是总经理、什么是 CEO、什么是副总裁、什么是财务主管，但没人听说过流程负责人。可以肯定的是，参与新流程的部门经理肯定心存疑虑。他们享受着自己的权力，计划着如何升职，现在来了一个被称为流程负责人的人，他看起来像竞争对手。“这到底是怎么回事?”这可能是他们的第一反应。

流程负责人主要关注对工作的设计，而不是传统的监督员工的管理工作。他更多地依赖于影响员工，而不是控制员工，他需要的是倡导而不是权威，他注重“防火”而不是“灭火”。流程负责人不是消防员，而是确保火灾从一开始就不发生的建筑师；流程负责人是外交官，运用自己的才智和想象力开拓新领域。他们必须有强硬的内在，但最重要的是必须得到最高领导层的支持。如果领导不批准设立职位，流程会在没开始之前就结束。流程负责人的角色并不迷人，也并不是很有吸引力，但比职能经理重要得多，因为他将传统组织的特征，即以前分离的“竖井”融合在一起。在你的企业中，可能从来没有人尝试过这种做法。

当然，重要的是，每个参与流程的员工都必须对流程及其结果有主人意识并承担责任，他们的经理也一样。否则，流程就无法杜绝“这不是我的工作”、推卸责任、明争暗斗和责任不一致的状况出现。那么流程负责人拥有什么责任和权力呢？答案是流程设计、培养和进化。

简单说来，流程负责人对整个企业内的端到端流程负有责任和权力。流程负责人拥有流程设计的责任和权力，但并不拥有组成流程的所有资源。

让我们探讨在每个企业中都发挥重要作用的环节——供应链，看看它是如何发挥作用的。供应链流程包括采购和库存两个部分，材料部主管可能是供应链流程的负责人，但是采购主管和库存主管有自己的员工和预算。为了确保流程平稳高效运行，流程负责人必须与他们合作。这不同于供应链总经理的工作。一般来说，负责采购、材料和库存的主管向供应链总经理汇报工作。现在供应链总经理仍然负责资源分配和绩效评估等工作，并正常听取汇报。但是，由流程负责人确保供应链流程顺利运行，如果运行遇到障碍，流程负责人有权对流程进行更改或大规模改革。

流程负责人的角色非常灵活。它可以有“流程负责人”的正式名称，但非必需。这一职位可以全职，也可以不是。流程负责人可以是流程某个方面的专家，但也不是一定如此。通常，来自其他领域的人也可以成为好的流程负责人，总经理也可以。流程负责人可以是组织中的高级人员，也可以不是。然而，流程负责人必须在组织中有一定的影响力，要么是因为深厚的资历，要么是因为出色的表现和广泛的认可。

流程负责人的首要也是最重要的职责是设计流程。没有设计，就没有流程；没有流程负责人来创建和执行，就没有设计。流程负责人不会单独设计流程。事实上，如果企业的流程负责人是高级人员，那么他最好不参与设计团队的定期审议，这样团队成员才会感到自由，才会畅所欲言、争论、做决定，不用担心自己会在高级人员面前出丑，或者有冒犯。流程负责人应该定期对团队的工作进行评论，并审批确定最终设计方案。一旦流程设计完毕，只有流程负责人有权实现或更改流程设计。整个企业的员工，特别是流程执行者，能够并且应该向流程负责人提供反馈和想法，但是要想针对这些想法采取行动，必须得到流程负责人的批准。

即使是最好的设计，如果没有被正确执行，企业也不会得到其所期望的结果。流程负责人有责任确保流程被实际遵循，并解决执行中遇到的问题。执行中的问题会以多种形式出现，而原因可以追溯到人员训练不足、系统或工具故障、资源不足或许多其他因素。流程负责人需要确定业绩问题的来源，是设计上有缺陷还是执行中存在问题。如果是设计上的问题，则企业需要重新设计流程以解决问题；对于执行中的问题，企业可以通过使用六西格玛这样的管理手段来解决。

因为流程负责人对你和你的组织来说都是全新的角色，会改变传统的工作方式以及人与人之间的联系形式，在继续讨论围绕着流程负责人的角色的一些挑战、解决方法和工具之前，我们先通过案例看看流程负责人的工作，这会对我们的理解有帮助。

修剪树木

本尼·麦克皮克（Benny McPeak）是典型的“老好人”，他出生并成长于北卡罗来纳州的艾里山，是安迪·格里菲斯（Andy Griffith）的故乡，也是梅贝里村（Mayberry）的原型。本尼散发的南方魅力让人感到轻松，他说话慢条斯理，是个聪明、自律的经理，且拥有电气工程的研究生学位。退休之前，本尼在美国最大的电力生产商之一杜克能源公司（Duke Energy Company）工作，在 34 年的工作生涯中，他承担了越来越多的责任。在职业生涯的最后 10 年，本尼作为流程负责人，是公司里第一个扮演这个新角色的人。

本尼负责公司的可靠性和完善性流程，他的权力遍及杜克能源公司开展业务的所有 5 个州。简单地说，这个流程的设立是为了确保将电力输送给客户的电线的位置不发生移动，并正常工作。该公司考核业绩的指标是“单个客户平均每年的断电次数”，即客户断电的频率。当杜克能源公司开始研究该流程时，大约每个客户平均每年断电两次，公司承诺将断电次数减少 50%。乍一看，似乎没有什么办法可以减少断电次数，因为大多数断电由风暴引起，即使最好的流程负责人也无法管理风暴。但是，虽然风暴可能是断电的根源，倒下的树木压断电线却是断电的直接原因，也是可以改进的地方：可以减少输电线路周围的树木。这样即使树木被风暴吹倒，也不会压到电线。杜克能源公司开始研究可靠性和完善性流程时，在任命流程负责人之前，公司发现任何流程中都不包含树木修剪。当然，公司偶尔会修剪树木，但这是一种临时的、被动的行为，而不是严格的、可重复的流程。改善流程的第一步是确定要执行哪些步骤、执行者、使用的工具，以及按照什么时间表执行。仅仅是这个简单的、相当于基本流程的做法，就在短短两年内将杜克公司的每个客户平均每年的断电次数降至 1.1 次。

当本尼被正式任命为流程负责人时，树木修剪流程遇到了问题。最初的方法是在电线的两边开辟一条宽约 9 米的道路。虽然客户不希望断电，但他们也不希望大量砍伐树木。杜克能源公司也不太愿意，砍伐树木代价高昂，而且为树木修剪预留的固定预算限制了每年可以维护的电线数量。

本尼凭借自身的经验和自信，没有浪费时间去挑战改革树木修剪流程。他并未自己重新设计流程，而是组建了一个设计团队，并提出要求：提高客户满意度，降低成本，同时保持低水平的断电次数。团队接受了挑战。流程重新设计小组意识到，并不是所有的树木都以同样的速度生长——山茱萸的生长速度比杨树或橡树快得多，而且只有在下一次修剪树木之前长到电线高度的树木才需要被处理。新流程中，训练有素的规划员会沿着供电线路考察，决定哪些树木需要修剪，以及需要多大程度的修剪，并绘制出一幅带有具体安排的工程图。接着，这个流程就可以进行到竞标环节，在旧流程下这是不可能做到的，因为工作人员在到达现场之前不知道他们需要做什么。结果是，公众的接受度（一直是公共事业的重要考虑因素）得以提高，因为修剪后整体环境更加自然协调了，而且每公里树木修剪的成本下降了超过 10%。这意味着在相同的预算下，公司每年进行树木修剪的线路数能够增加 10%，这又进一步提高了可靠性。要注意的是，通过选择需要修剪的树木，以及确定明确的工作方向从而进行竞标，杜克能源公司应用了两个重要的流程设计要素：树木修剪工作的必要性和时间。

但随着时间的推移，本尼开始注意到情况发生了变化，一直在下降的树木修剪项目成本逐渐趋于平稳。为了找出原因，他开始研究这个问题。他发现尽管所有的单位都在执行流程，但执行的方式各不相同。这一发现本身并不令人意外，也不奇怪。流程设计指定了人们需要做的工作，但具体的操作方式多种多样。流程设计是工作的概要，而不是工作执行方式。本尼发现，公司的一些部门在流程中做得更好（即比其他部门成本更低）。流程的大部分工作由承包商完成。一些部门注意确保承包商不在其他公用事业线路附近工作，因为这会提高工作难度，承包商会相应收取更多费用，而其他部门则没有关注这一点；一些部门确保在承包商到达之前就做好了准备，其他部门没有提前做好准备；一些部门非常勤快地检查承包商的账单，而其他部门没有检查。本尼没有惩罚表现不佳的部门，而是创造了一些方法和激励措施让它们改进。他将高绩效组与低绩效组配对，对于能够通过学习和采用高绩效组的方式来提高绩效的组，本尼设置了奖金。策略奏效了，成本继续下降。从这一问题得出的教训是，流程负责人不能只坐在办公室里学习绩效记分卡，正如本尼所说，有时你不得不“穿上泥泞的鞋子亲自出去追兔子”。

本尼注意到另一个情况，尽管流程非常棒，平均断电次数却在逐渐增加。那不应该发生！他再一次进行了调查，并发现大部分停电次数增加的情况发生在一个特定的地理区域，该地区的电线数量高于平均水平，树木也比其他地区多得多。尽管该地区付出了最大的努力，并一直在严格执行流程，但还是无法完成树木修剪的工作量，而断电情况也反映了这一点。该地区无法获得必要的财政资源来开展所需的树木修剪工作。于是，本尼采取了一个不同寻常的步骤：他决定以牺牲另一个地区的利益为代价，增加该地区的资金。

尽管并非独一无二，杜克能源公司非同寻常地赋予了流程负责人预算权力。公司给予了本尼完成流程所需的资金，他将流程设计连同资金发放给了负责公司各个地区的运营经理。这是一个非常强大的解决方案，虽然不是唯一的解决方案，却给予了流程负责人足够的影响力。

本尼的调查显示，断电次数增多的地区没有足够的资金来实施必要的树木修剪工作，但另一个地区的资金已经超过了需求，并正在将额外的资金用于另一个业务领域。本尼命令将部分资金从资金过剩的地区重新分配到资金不足的地区，用于加强树木修剪工作，从而减少断电次数。于是，整个系统的平均断电次数再次下降。你可能也预料到了，对资金过剩地区的总经理来说，本尼的“取之于富，用之于贫”的策略并不受欢迎。他对流程和本尼横加指责，但最终对结果没有任何影响。

作为流程负责人，本尼的经历包含了一些关于流程负责人和流程所有权的重要经验。首先，流程负责人必须精通组织的运作方式，并具有一定的影响力。本尼与反对他决定的地区领导一样，向业务领导汇报。在担任流程负责人之前，本尼在杜克能源公司工作了多年，在管理现场操作方面经验丰富。你骗不了本尼，他对公司很熟悉，对地区经理玩的游戏了如指掌。若选用资历较浅的员工来担任这个角色，他可能就无法掌控需要慎重处理的预算问题，从而沦为企业的牺牲品。

其次，流程负责人必须得到最高级管理人员的全力支持。在行使权力时，即使是在不像预算那么敏感的问题上，流程负责人也会不可避免地侵犯到其他经理认为的私有领域。迟早会有某个经理去向领导诉苦，或者跑到老板那里去推翻流程负责人的决定。如果组织的最高领导者不支持流程负责人，这个职位就会变成空壳。

迎接挑战

你可能已经想到，在流程负责人和运营经理之间建立有效的工作关系是使流程所有权发生作用的主要挑战之一。这需要双方进行高度的协作和团队合作。只要不涉及自己，大多数经理都赞成团队合作。如果能基于共同的目标和指标获得奖励，他们对团队合作的热情就会大大提高。如果你和我都对流程绩效的结果负责，即使我们名义上对不同的事情负责，也能找到一种使工作正常进行的方法。

团队合作对于实现流程所有权至关重要，清晰的角色设置也会对此有帮助。每个公司都应该建立关于权力和决策的基本规则，这样大家才能清楚地理解每个人的指令所涉及的范围。这些基本规则通常根据所谓的决策权矩阵（decision rights matrix）来制定（见图 3-1）。在一条轴上列出公司的各种管理角色，在另一条轴上列出关键决策；这些条目表明谁应该做出哪些决策，必须请示谁或告知谁，必须由谁批准等。

在杜克能源公司，关键决策包括人员分配、工作安排、资源分配、流程调整和预算制定。如果能一劳永逸地解决这些问题，虽然公司的压力很大，但也省去了后续的很多争论。

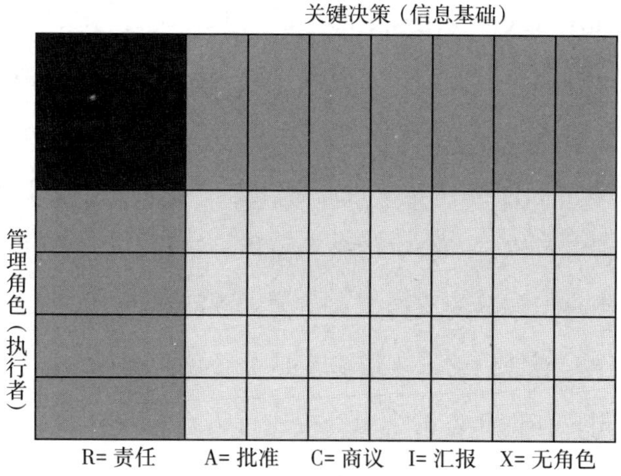

图 3-1　决策权矩阵

本尼的影响力源于其掌握着的预算控制大权，但是关于给予流程负责人在组织中的影响力方面，还有一些不那么引人注目的方式，尽管有些不那么有效。一种方法是让流程负责人全权控制 IT 部门的支出。也就是说只有流程负责人拥有制定 IT 部门预算的权力，并可以向 IT 部门请求系统开发或修改。这会给正在考虑挑战流程负责人及流程的运营经理带来实质性的束缚，因为反对者无法获得支持想要的工作方式的系统。

另一种方法是在执行部门汇报结果时，给予流程负责人指定其必须使用的业绩指标的权力。就这些指标而言，绩效表现不佳会引起流程负责人的注意。如果组织遵循流程，但指标结果却低于标准，流程负责人可能需要更改流程的某些方面，甚至需要重新设计流程。但糟糕的表现也能揭露和惩罚那些不遵循流程的人。实际上，不遵循流程的企业部门可能根本无法根据指定的指标来展示其绩效。指标与流程设计的细节紧密联系在一起。例如，销售流程的指标之一可以是进入流程第二阶段交易的百分比，这个业绩描述数据只对遵循流程的部门有意义。这样相当于让流程负责人对决策权矩阵中的更多列拥有控制权。

沟通是一种简单的方法，常被用于协调流程设计者和执行者之间的关系。流程负责人不应单独设置目标和批准设计，在流程设计获得批准之前，应当邀请职能经理对其进行评审和评论。当然，这里假设每个员工都出于善意行事，不会试图破坏流程。这正是为何对流程设计者来说，得到组织高层领导的支持至关重要。职能经理必须知道他们将在这个流程中工作，而他们的未来取决于是否心甘情愿在该流程中工作。

一些公司正在创建咨询小组，由执行流程的经理和/或一线人员组成，向流程负责人提供反馈。他们是流程负责人的眼睛和耳朵，甚至能在问题和困难于正式指标中显现之前就发现其所在。咨询小组还提供完整的检查，在流程负责人对设想的设计做出变更或执行其他计划之前，为流程负责人提供对它们的坦率评估。也许最重要的是，这些小组代表了一种机制，确保职能经理和执行者感觉到他们能传达自己的声音给流程负责人，自己不仅仅是被动接受流程负责人的命令。

流程设想

要想完全实现一个流程，不会只花费几周时间，而是需要耗费几个月甚至几年。为了保持在轨道上，流程负责人必须对流程有远景设想以及实现该远景的计划。2001 年，里克 · 马古恩（Rick Magoun）成为高乐氏（Clorox）的第一个流程负责人，他为自己负责的“订单—现金”流程创建了一个为期 3 年的旅程地图。“订单—现金”流程，实质上就是从客户下单到公司收到货款的整个流程。里克的旅程地图指定了“订单—现金”流程在未来 3 年里需要实现的绩效指标水平，包括按时交货、零错误订单收据及预测准确度。该地图成为年度行动计划和流程绩效月度记分卡的基础。通过使用这些工具，里克知道他想去哪里、将如何到达，以及正在取得的进展。作为流程负责人，里克必须协调和监督各个团队，对流程设计步骤进行更改或对其绩效表现进行调整。月度记分卡告诉他事情是否处于正轨，而年度行动计划给了他管理项目的整体框架。在里克的领导下，"订单—现金"流程取得了真正的突破性成果：在成本下降的同时，完美订单的百分比（完整且按时完成订单、客户按时付款）上升了300%以上。

每个流程负责人都应该有像里克那样的计划。但是，如果没有资源来实施这个计划，它就毫无用处。能否获得资源，是对流程负责人说服力的真正考验。流程负责人必须为流程发声，以获取所需的关注和资源。在最理想的情况下，流程负责人也只能拥有少量员工。大多数从事流程设计工作的员工将不得不由其他部门提供，而这些员工供不应求，并受到所在部门的高度重视。因此，流程负责人是工程师和销售人员的不同寻常的结合体，他们擅长分析和规划，同时也是强有力的说客。

许多公司发现，对单个个体来说，流程负责人的角色过于繁杂，特别是当流程扩展到整个公司并且流程负责人是高级管理人员的时候。一种常见的解决方案是将角色分成两部分：行政流程负责人（有时被称为流程领导者）和运营流程负责人（有时被称为流程管理者）。在美国维益食品有限公司（Rich Products），行政流程负责人由消费者品牌部门总裁和运营高级副总裁等人担任。他们平时不仅忙于自己的日常工作，还同时对流程负责。他们通过投票做出一些决定，制订实现目标的年度计划，争取执行计划所需的资源，并对结果负责。换句话说，他们是流程的总负责人。运营流程负责人较之低一个等级，作为基层工作的领导者，他们更接近实际工作，执行流程重新设计并改进计划。

大型或复杂企业中的流程所有权

流程所有权的核心是一个非常简单的想法：让某人在跨组织边界的端到端基础上管理流程。起初这看起来可能很复杂，因为大型企业必须创建流程负责人层次。例如，默克公司（Merck）有3个主要的端到端业务流程，它们抓住了制药公司必须做的工作的本质：开发新药（研发流程）、与客户沟通（管理客户需求流程）、分销产品（产品供应流程）。

每个流程都有各自的流程负责人。由于这些流程整体过于庞大和广泛，它们被分解为许多子流程。试验和监督以支持产品生命周期流程是研发流程的一个子流程。简单起见，我们将其称为"试验流程"。

试验流程是默克公司开发新药和进行研究的一部分，这些研究收集数据，向美国食品药品监督管理局（FDA）和医生证明药物有必要被批准和使用。它是一个端到端流程，其中的工作由默克公司不同部门完成。

试验流程的负责人是珍妮特·凯泽（Janet Keyser），她在默克公司工作多年，从一名毒理学生物学家做起，处理临床实验的数据、撰写实验方案，并领导部门为默克公司的化合物实验研究人员提供材料。她经历了大部分的试验流程，作为流程负责人，她的责任是确保流程被执行得尽可能顺利。

参与这一流程的4000名员工并不是"为珍妮特工作"（按照传统的说法是向她汇报），但他们必须遵循她的流程。珍妮特不拥有任何资源，因此她只能通过影响力和使用流程指标来完成任务。她与执行流程工作的职能经理举行会议，在会议上审查流程指标，用她的话说就是"紧张且无趣"。她努力让职能部门的经理抛开各自的藩篱，把精力集中在流程上，作为一个整体开展工作，然后取得成果——即让新批准的药物更快、更省、更好。

让员工习惯只有作为流程负责人的她才能更改流程这一事实，是她面临的最大挑战之一。执行流程的职能部门经理无权更改流程，职能部门必须学会从决策者转变为共同承担风险的利益相关者。虽然在流程的运作中，他们都有自己的目的——职业、财务、自我，但他们却无法控制流程，这对职能经理甚至其下属来说都不容易接受。正如马克·吐温所说："习惯就是习惯，谁也不能将其直接扔出窗外，只能一步一步地引它下楼。"

试验流程是研发流程的子流程，它本身也包含 9 个子流程，包括计划、交付、销毁临床实验品和辅助用品（简称计划和交付流程）等。这 9 个子流程，每一个都是跨部门的端到端流程，都有流程负责人。

因此，珍妮特就成了由 9 个子流程构成的流程的总负责人。她必须确保每一环都被正确执行，而且不会互相冲突。每个子流程负责人都会提出项目，珍妮特的工作是决定项目优先级、申请资金，并弄清如何将新项目与其他项目结合。

计划和交付流程为从事药物实验的医生提供必要的材料供应。除了药物，医生可能还需要其他物品，比如为了测试一种对抗肥胖的药物需要食谱和秤。过去，设计实验的科学家会自行购买并运输所需材料。对他们来说，花费时间在这些工作上并不值得，他们对此也不擅长。现在，这个流程由一组采购专家完成。默克公司并不是先将药品运送到世界各地的 52 家子公司，再由子公司将把药品重新运送给医生，而是直接运送给医生。这些看似表层的变化，结果却很显著：节省了数百万美元，更好地利用了员工的时间，需求者获得了更稳定的供应。在将计划和交付认定为同一个流程并任命流程负责人之前，没有人具有使其执行得更好的视角、权力或动机。这只是一个大家都知道的麻烦问题，但没有人会为此采取行动。

实际上，珍妮特可以说是一个项目经理，负责策划大量的项目，而且正如你所预料的，她的工作有条不紊。因为项目的数量总是超过可用资源，她引入了评分系统来评估提交给她的项目创意。实现合规经营所需的项目具有最高优先级，不需要 IT 部门资源的小型项目也一样，因为它们可以被快速完成。其他评估标准包括对流程战略目标的影响、与项目相关的成本和风险，以及受影响的业务领域消化项目所需的变更能力。每个流程负责人都需要这样的机制，用于决定如何分配资源以实现流程绩效目标。流程负责人的工作与现代产品开发的执行方式有相似之处，都包括项目组合管理（决定在哪个产品上工作、监督进度，并根据需要做出调整）和项目执行（完成创建产品的实际工作）。

为了确保你了解像珍妮特这样的流程负责人工作的复杂性，我们列出她的主要职责：

- 创建和实现流程设计。
- 确保流程的合规性。
- 根据指定的指标评价流程绩效。
- 确定客户希望看到的绩效水平，决定企业战略。
- 制订计划，通过改革和改进项目来实现绩效目标。
- 召集团队执行这些项目，跟踪团队进展，并在必要时进行干预。
- 根据绩效目标审查项目结果，并对流程进行适当的更改。

通过流程结构来完成所有的这些工作，比大多数其他公司的传统方式更有效——更快、更省、更好。

地区流程负责人

作为默克公司的流程负责人，珍妮特管辖数千名在不同地点工作的员工。但是流程也会在各地进行，因此还有另一种流程负责人角色的变体：地区流程负责人（local process owner, LPO）。试想，一个有很多不同的经营地点的大公司，分公司遍布全国甚至全世界，总公司选择了其中一个分公司，并考虑在那里执行一个流程。当然，这个流程可能会有类似于珍妮特的负责人，在几百甚至几千英里[㊀]之外工作。但是，谁来负责管理流程、绩效考核、确保流程被遵循、回答有关流程的问题、识别流程中的问题，并将其汇报给遥远的流程负责人？于是，地区流程负责人便应运而生。

地区流程负责人是公司总流程负责人的副手，是公司总流程负责人在特定地区的代表。总的来说，LPO 不负责流程设计，让 LPO 设计流程的本地版本会产生混乱。LPO 的工作重心在于帮助该地区的员工顺利完成应做的工作。

以下是地区流程负责人的一些具体职责：

- 确保流程获得适当的资源分配。
- 确保工作按流程进行并交付所需的结果。
- 监测地区的绩效表现。
- 识别并解决地区绩效问题。
- 确保流程文档和培训材料保持最新版本和可用性。
- 学习其他地区的最佳实践，并引入本地。
- 指导执行者并回答他们的问题。

㊀ 1 英里 =1609.433 米。

- 对公司总流程负责人提出改进建议。

现在让我们结合案例看看地区流程负责人如何履职。壳牌公司的下游业务年销售额约1000亿美元，在全球拥有34家炼油厂和6家化工厂，员工约7万人。壳牌公司正在积极地使用端到端业务流程来改善其绩效。它已经确定了6个高级流程，每个流程都配备一名全球流程负责人。然后，由地区流程负责人在各个炼油厂和化工厂实现这些流程。

制造流程是壳牌公司的高级流程之一。在地区级别上，它是通过“保证安全生产”（ensure safe production，ESP）流程实现的。ESP覆盖了炼油厂操作人员从到达岗位直至换班的所有工作，包括交接班、轮班工作情况交接（了解目前工作进度）和警报管理（理解并响应在出错时发出的警报）。壳牌公司发现，不同的炼油厂有不同的工作方式，并且往往在同一炼油厂的不同班组，执行方式也不尽相同。炼油厂要在高压下处理高可燃性材料，你并不希望这样的地方工作方式有很多变化。因此，壳牌公司的ESP流程负责人进行了标准化的设计，现在，壳牌公司所有的炼油厂和工厂都实现了这一设计。

布雷特·沃尔岑（Brett Woltjen）是位于休斯敦以东约20英里的迪尔帕克炼油厂ESP地区流程负责人。迪尔帕克炼油厂的占地面积很大，拥有1000多名员工，每天将约35万桶石油转化为汽油等精炼产品。只需略微计算，我们就能知道其业务量的庞大。布雷特是迪尔帕克9人领导团队的一员，也是这个地区的生产经理。这意味着负责操作迪尔帕克炼油厂的机器运转的员工，以及他们的经理，最终都要向布雷特汇报。他还是ESP地区流程负责人，因此执行ESP的员工都需向布雷特汇报，而其他流程的执行者则不必。

作为地区流程负责人，布雷特的工作需要发挥影响力，但不是权力。他不需要亲自投入时间到具体的工作中，而是要确保所设计的流程在迪尔帕克炼油厂行得通——执行流程的人及向自己的职能经理汇报工作的人理解并接受流程设计。他还负责衡量和评估流程绩效，寻找提升的方法。实施流程包括但不限于安装系统和工具以及培训执行员工。在迪尔帕克炼油厂，流程还涉及员工工作地点的变动，以使来自不同部门的员工在同一个地点工作。布雷特还需确保员工遵守流程并做出正确的行为。例如，在许多制造工厂，换班时前一班的员工会立刻离开。ESP流程设计要求，在离开前，他们需和下一班人员一起对机器状态进行明确的审查，否则可能无法正确处理问题。这是一个从“现在这是他们的问题”到“这是我们的问题”的转变，并不是每个迪尔帕克炼油厂的员工都能轻易做到这件事。布雷特必须非常清楚地描述他所期望的行为，检查员工是否按要求操作，并对其进行指导、建议和奖励。如果流程要求的内容不够清晰，或者流程执行者之间存在分歧或争议，布雷特就会介入并加以调整。

要求一线员工改变工作模式和行为时，他们不可避免地会感到不适，这是布雷特需要应对的问题。例如，新的ESP流程要求炼油厂控制室的操作员主动监控一系列性能变量，并跟踪其趋势。一个高级领班，工作了35年的资深员工，似乎并不热衷于这个新流程，直到布雷特介入，让他看到新流程可以帮助工厂拥有直观的概述炼油厂性能的能力。他们过去其实曾拥有过这个能力，但引入计算机系统后，却失去了这个能力。

布雷特使用的另一种策略是，少花时间用抽象的术语谈论流程，多花时间讨论流程能实现的具体目标，比如提高安全性这种每个人都喜欢的事。但是，仍然有一些不能或不愿按照新流程要求工作的员工，布雷特不得不调整其岗位或解雇他们。

也许成为地区流程负责人最重要的方面，是布雷特要改变他自己的观点和管理风格。他说："通过使用流程和指标领导企业是一个转变，我们应该利用这些指标来引导企业，而不是一味去救急或解决日常问题，解决后再去另外一个地方救急。"他还必须成为一名老师，将流程学习得足够好，再传授给别人。一路走来，他体会到了"教学相长"的智慧。在教授流程的过程中，他对流程的工作原理也有了更深入的理解。

我们已经讲解了许多新术语：流程负责人、子流程负责人、行政流程负责人、运营流程负责人、地区流程负责人。你可能会认为流程负责人的体系很复杂，这可以理解。实际上，它的复杂程度取决于你的实际情况。请记住，你实际上是在将大流程分解为小流程。如果你的企业较小，而且主要运行于同一个地点，你可以将所有这些职位整合为一个。然而，如果是一个大型的复杂公司，有很多经营地点，如默克公司或壳牌公司，就需要设立所有这些职位了。但不管这份工作是由多人还是一人完成，流程负责人带给企业的价值是一样的：设计流程、实施流程、传播流程、执行流程、评价流程、解决流程问题，并在必要的时候更换流程，最重要的是，确保流程提供企业需要的结果。

流程所有权原则

正如本章解释的那样，流程负责人的定义很灵活，但它总是与端到端流程相关，涉及跨两个或多个功能领域的管理职责。从广义上来说，流程负责人进行流程设计或改革、制订流程运行计划、领导计划改进，并解决流程中的问题。而运营经理管理执行者，领导流程的实际工作。

如何处理流程和职能部门的交集，在很大程度上决定了企业从流程方法中能获得多大收益。在考虑这一点的同时，我们可以看看下文中列出的流程负责人和运营经理的一些职责与权力。

流程负责人的职责与权力

- 负责设计流程，确保其成功执行，并持续改进。
- 设计、记录、发布和开发培训内容、支持工具和流程模板。
- 识别和监控衡量流程绩效的指标。
- 使用考核标准和审计结果来评估员工是否按流程工作，并持续改进流程。
- 了解相关的内部和外部基准，并用其识别和推动流程改进。
- 确保所有流程参与者了解自身角色以及如何融入端到端设计中。
- 识别、划分优先级并管理流程的变更。
- 建立和评估指标，以监控流程的健康状况。
- 评估外部基准。
- 确保组织遵守流程。
- 解决流程中的问题，以确保流程按照设计执行。

运营经理的职责与权力

- 了解流程，以及其上下游影响。
- 确保员工接受培训后能够理解并执行相关流程。
- 确保流程的持续运行。
- 给流程分配适当的资源。
- 提供对流程或执行问题的地区性支持评估。

高级管理层的职责

- 将流程所有权定位为组织中的高级职责。

- 任命有影响力且受人尊敬的员工为流程负责人。
- 向流程负责人提供最高管理层的全面支持。
- 帮助流程负责人适应一种新的管理风格。
- 完全清楚流程负责人和运营经理之间的关系、职责和权限划分。
- 给流程负责人真正的权力和工具来履行职责。

流程所有权注意事项

- 要获得领导认可，使之合法化，宣布创建流程负责人职位及其将拥有的权力。
- 选择在组织中有影响力的领导者作为流程负责人，不仅要有控制范围，还要有影响力范围。
- 让流程负责人全权负责流程设计，包括选择设计团队和设定业绩目标。
- 确保用于评估流程负责人绩效的指标与企业关键绩效指标一致，并在客户之声和企业之声之间保持平衡。
- 不允许流程负责人将职责委托给子流程负责人或下属。
- 不要认为流程负责人的角色必须全职，或必须在组织结构图中作为新职位被反映出来，尽管这是一种选择。
- 不要忘记，职能经理掌握着人力资源，对流程设计的实现至关重要，不应被忽视。
- 不要忘记使职能经理的考核指标与流程负责人的考核指标保持一致，以确保他们紧密合作，获得最佳业绩。
- 不能简单地沿用现有结构，将职能经理直接转化为流程负责人。

CHAPTER 4

第 4 章

流程员工和基础建设

支持端到端工作

还记得鲍勃吗？引言里的企业英雄。他是个好员工，但在一个流程结构正确的公司，不会存在鲍勃这样的英雄。相反，公司会充满专业人士。当前，“专业人士”这个词有很多定义，其中一些要求学历甚至是执照，但是最适用于流程世界的“专业人士”的定义却来自看似完全不相关的好莱坞。你可能从未看过 1984 年由凯瑟琳·特纳（Kathleen Turner）、威廉·赫特（William Hurt）和理查德·克里纳（Richard Crenna）主演的电影《体热》(*Body Heat*)，即使看过，你可能也不会认为它经典。然而在电影中，威廉·赫特和理查德·克里纳卷入了一场关于“成为专业人士意味着什么”的辩论。最终，他们得出的结论是：专业人士是做他需要做的事情的人，与之相对，普通员工做他被安排做的事情。

说得对！普通员工大多担心老板的想法，只关注有限的任务，几乎没有权力去改变工作内容或工作方式。他的工作保障和收入取决于老板。相比之下，专业人士关注的是结果和客户，有更高的自由度去做需要做的事情，以确保公司得到并留住满意的客户。专业人士理解这样一个概念：公司的健康和个人的工作保障掌握在客户手中，而不是老板手中。

这一章的内容是关于如何在公司的每个层次上创建专业团队。当然，这在很大程度上取决于对合适人选的选择，但同样重要的是为他们提供开展流程工作的工具，并以对流程正常运转有益的指标来考核他们。流程工作的工作方式与大多数员工的工作方式有很大不同，你将把人们从仅仅执行任务的环境中带出来。在执行任务时，你不需要知道太多——你不需要关心结果、商业环境或隔壁员工的考核方式。当然，很多公司都在谈论团队合作，但他们通常会把团队合作与召开大量会议以及与他人良好合作混为一谈。在真正的团队合作中，工作和责任的交叉点往往是重叠的，因为所有人都有共同的目标：让客户满意。在流程工作中，自我指导的团队似乎突然出现并完成某项工作，这一点也不奇怪。但要做到这一点，公司就需要正确设计流程，流程需要拥有能够自动消除障碍的能力。可能最令人生畏的障碍就是预算。预算会让员工做出疯狂的事，因为它是绩效考核的一个关键指标。

例如，一家公共事业公司，它有一个规划部门，负责解决如何将新企业或住宅与电网连接的问题；同时它还有一个通行权部门，负责与其他企业或房主协商，让必要的线缆穿过，从而将新客户接入电网。在传统的企业中，每个部门独立运作，有独立预算。部门经理的奖励或惩罚，部分取决于开销是在预算之内还是超出预算，他们会想方设法来使收支平衡。但流程企业的情况却大不相同。在流程企业中，一条龙工作人员同时负责规划和通行权的谈判。谁为他支付报酬？答案通常是两个部门共同支付，但是企业的领导，即高级主管，需要决定一条龙工作人员的收入以及他从两个部门获得奖金的比例。其中一个部门肯定会觉得自己承担了太多的成本，但在流程环境中，每个人都认识到，为了企业的利益，某些部门必须比其他部门承担更多的负担。顺便说一下，经理的奖励或惩罚，与其说是与开销在预算内还是超预算相关联（尽管这可能也是一个因素），不如说是取决于整个企业的表现。这就是我们所说的基础建设。它是各种机制——预算、培训和开发工具、评价、报酬和信息技术等的总和，是使流程工作顺利进行的必备要素。是的，为实现流程工作，企业需要大幅改动自身的基础建设。但如果不这样做，就无法获得流程所能带来的最佳效益。

员工权利

在深入了解一个完全由专业人士组成的企业的细节，并展示企业是如何开发支持专业人士的环境之前，让我们先来站在客户的角度，看看它在公司表现方面所能产生的差异。我们将以英国的一家电力公司为例，这家公司很难将郊区开发的新房屋及时接入电网。旧流程开始于开发商或建筑商致电公司并被直接分配给客户服务代表，客户服务代表填写电气服务请求，写明位置和其他细节，随后将表格交给规划部经理，经理派工作人员起草从最近的变电站到新施工地点的输电线计划。接着，计划被交给通行权部经理，他派工作人员与变电站和客户所在地之间的土地所有者谈判，以获得在土地上拖缆的许可。获得必要的许可后，计划被传递给施工部经理，他指派班组长组建施工团队，团队需拥有完成工作所需的技能组合。班组长还负责监督项目的实施，从购买必要的电缆到安装新房屋的分布式电线。直到那时，计划才被送到计量部，计量部派工作人员到现场，将电缆连接到每个独立房屋，并安装电表用于测量耗电量。一个典型的安装流程需要 6 个月。

对这样一个项目来说，6 个月的时间是否合理？等待了那么长时间才通电的建筑商肯定不认为合理。那建筑商的观点正确吗？一个非常简单的算式——价值时间（value time，VT）除以实耗时间（elapsed time，ET）可以回答这个问题。如果在一次典型的安装中，实耗时间是 180 天，其中有 178 天是花在对最终结果有益的劳动上，这个算式会得到接近于 1 的商，这是理想状态。建筑商没有理由抱怨。但电力公司却并非如此，它的价值时间一般为 20 天左右。换句话说，电力公司花了 180 天时间做 20 天的工作。余下的时间里，客户需求表可能躺在经理的办公桌上等待分配，接着项目可能被分配给同时负责其他项目的员工，于是这个项目只能继续等待。在每个部门最终完成了自己负责的工作后，还需相关经理签字才能再传递给下一环。如果有人犯了错误怎么办？那么就不得不重新开始整个流程。很容易看出，在这种情况下，VT/ET 会得出仅为 0.11 的结果并不令人惊讶，无论以何种指标衡量都很糟糕，建筑商抱怨不断。

当然，该公司很清楚自己有问题。它做了大多数公司在这种情况下都会做的事情：让更多的人参与工作。很好，现在我们有更多的员工负责监督工作、审查工作，造成了进一步拖延。当事情变得更糟而不是更好的时候，高管对各个部门的负责人下达了命令：要么提升，要么走人！几个月后，所有的部门主管都声称他们已经改进了自己负责的流程。但是新房屋要接入电网还是需要 6 个月！

最终，这些高管终于意识到他们在有些事情上大错特错，于是决定从头开始，重新审视从开发商联系公司到最终启动供电的整个流程。当设计团队绘制公司的操作流程以开始流程改革时，他们发现流程很明显太过复杂、缺乏协调。其中存在多个返工循环、冗余的活动以及日复一日地等待部门领导的批准的情况。客户抱怨的原因非常清楚。每个客户的服务请求都被转交给了许多人，因此缺乏连续性，没有人完全理解客户需要什么。图 4-1 展示了这个错误的流程。

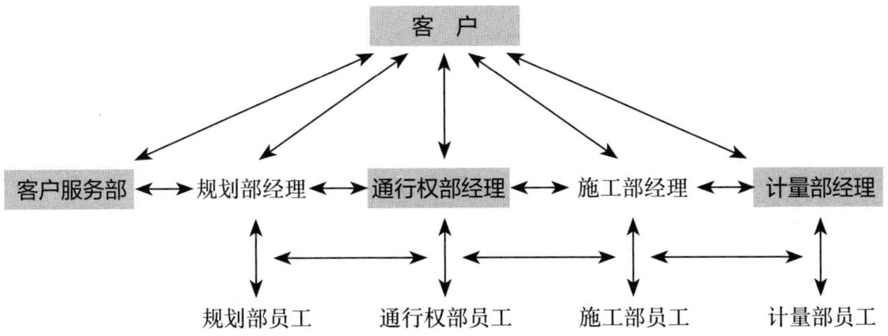

图 4-1　旧流程设计

现在，公司已经清楚地知道了问题所在，它开始通过从头到尾重新设计流程来解决问题。重新设计之后，一个新的职位即一条龙工作人员出现了。一条龙工作人员的出现源于客户对单一对接人员的需求，以及该电力公司对流程中的所有任务都紧密相连这一事实的简单认识。流程负责人是负责大型流程战略监督的人员，与其不同，一条龙工作人员负责一种战术性的、实际操作的工作，主要关注相对较小的流程或子流程。在该电力公司，一条龙工作人员是一个单独的员工，在整个流程中负责从客户下单开始直到成功通电的对接工作。一条龙工作人员制订计划、协商通行权、组建施工团队，确保工作完成。新流程的结果是，流程中的停滞时间少了很多，因为减少了客户服务请求躺在各个领导桌子上等待批准的时间。然而，更重要的是，一条龙工作人员了解施工队的需要以及通行权谈判的内容。换句话说，一条龙工作人员拥有更好的端到端视角。因此，一条龙工作人员制订的计划从初稿开始就更加准确。在高级主管和流程负责人的支持下，一条龙工作人员还有权召集专家（如律师）在情况复杂时提供帮助。除此之外，公司还设立了一个新岗位，即现场技术人员，集系统安装人员和仪表安装人员的职责于一体。公司通过注重价值时间、赋予员工更多的权力和责任，将 180 天的工作周期缩短到了 23 天左右。完成一个典型安装所需的员工数量减少了 2/3，为公司提供了灵活性和拓展性，在不雇用新员工的情况下就可以承担额外的工作。于是，公司对那些以前只专注于单一任务的员工进行了重新培训和改造。

显然，一条龙工作人员的工作职责不再仅仅是早期流程中的一个齿轮。一条龙工作人员有更多的自主性、责任感和使命感。这项工作更加复杂，涉及计划、人员选择和人员管理，而目标很简单：客户满意度。一条龙工作人员无须不停地转换角色，而是同时扮演着多重角色，少了很多工作交接环节。现场技术人员相当于旧流程中重复执行一两项任务的施工工人，现在在更广泛、更复杂、更具挑战性和有趣得多的工作中执行各种任务。旧流程中有太多的交接环节，涉及太多人，以至于如果有人犯错，可能不会被注意到。现在，错误几乎可以立刻被识别出来，并且很容易找出责任方。员工不再无意义地逃避责任，错误会得到纠正，责任方会得到教训，从而改善未来的结果。

但这并不代表流程的重新设计很顺利。新的一条龙工作人员职位的候选人，在很大程度上是由老板根据客户对喜欢共事的员工的评价来确定的。很多选择都是基于过去谁表现出了学习企业不同元素的能力，在大多数情况下这样选择是正确的，但也有一些员工不喜欢直接与客户打交道，更喜欢做幕后工作。

由于一条龙工作人员是一个新职位，刚开始只能做临时培训，即课堂培训和在职培训的结合。但随着一条龙工作人员在工作中表现得越来越成熟，公司开始真正理解他们在加速流程中的价值，一条龙工作人员自己也开始提名同事担任一些职位，并协助公司对他们进行培训。不久后，不甘落后的人力资源部就会着手研究如何造就一名成功的一条龙工作人员，并在流程连接环节的各个方面开设正式的培训课程，包括工程设计和谈判技巧等方面的课程。

对一条龙工作人员来说，最根本的变化之一是考核和奖励制度的调整。他们不再仅仅根据任务来考核和奖励。他们的薪酬中占最大百分比的奖励来自完成的及时性和客户满意度。评估一条龙工作人员的不仅是直接上司，还有企业中其他与一条龙工作人员有直接和间接互动的员工。

部门经理也必须面对一个新的世界。一些传统、专制的部门经理无法适应学院式的部门间团队合作，也无法适应这样的想法：一条龙工作人员正在从事部门经理认为属于他们职权范围内的工作。事实上，部门经理并没有真正在做这些工作，他们只是安排别人去做。现在，一条龙工作人员拥有所有必要的信息，可以把实现目标需要的所有人聚集在一起。部门经理安排员工去做，专业团队却能直接完成工作。旧的部门经理职位无须存在。一些人自愿离开，一些人被解雇。适应了新环境的部门经理扮演了新的角色，即指导专业团队的人员。他们排除障碍，帮助专业人员培养正确的技能和态度，设置指标，并确保公司坚持执行流程。看到并理解这些变化结果的部门经理成了热情的支持者。一些人自己成了一条龙工作人员，为了表彰他们在旧流程中的资历和以往的成就，他们被分配给更大、价值更高的客户。一些人选择回到会计或工程等专业领域，为一条龙工作人员提供专业知识。新流程设计如图 4-2 所示。

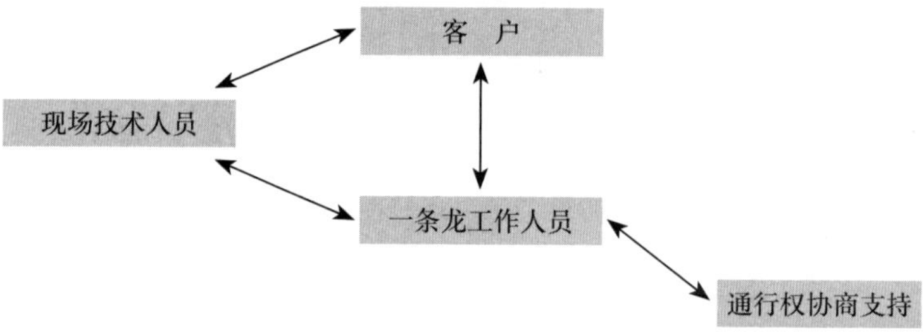

图 4-2 新流程设计

这就是我们所说的将普通工人转变为专业人员的意思，这是一种混合的员工类型，他们不仅执行工作，而且管理工作，拥有所有必要的决策权利、责任和义务。

他们实现了更快、更省、更好。

一种新型员工

现在应该很明显，让传统的工作人员直接进入新流程并不会很有效。这不是因为员工不能或不愿把工作做好。大多数旧系统的设计方式和大多数考核方式会对员工产生阻碍，让他们只能完成最简单、最集中的任务。为了实现高效而重新设计流程的公司需要一种新的人员，他们具有执行以流程为中心的组织中最复杂任务的新能力。合适的人选不再只关注老板，而是关注客户；不会只关注个人表现，而是关注团队表现；不把重点放在工作本身，而是放在工作结果上。我们中的大多数人在组建流程团队时，通常无法选出那些容易理解和适应高效流程的员工。但这种理想情况偶尔也会发生，结果显示，招聘或培养专业人才能带来的好处是巨大的。

传统的招聘方法是先确定需求，雇用有技能和经验的人，最好是以尽可能低的成本来做这项工作。以流程为中心的企业不太关注技能和经验。相反，它采取的方法是“选拔运动员，然后训练他们参加比赛”。换句话说，根据态度和才能雇用人才成为企业找到合适人选的战略方法。有正确态度和能力的人，可以很容易地掌握各种工作的技巧。

在这两个标准中，要找到态度正确的人是最难的。传统面试中，态度通常不被纳入考虑范围。只要应聘者有礼貌、有准备、有专业素养，公司就不会对其进行更深入的态度评估。员工的态度很难被衡量，大多数公司可能在新员工入职的前半年或一年都不知道他们的真实情况。

但了解员工态度是流程组织招聘的重要部分之一。流程组织通常会让候选人与几个参与特定流程的人面谈，这有助于了解员工态度。理想的候选人有两个突出的品质，通俗地说就是“善于与人相处”和“敢于冒险”。团队合作和跳出固有思维模式的能力是关键，但往往很稀缺。在传统的企业架构中，员工习惯于以个人为中心，希望自己脱颖而出、表现出色和引人注目。他们寻求自我满足和晋升，向往更高层级的工作。这样的员工很少会参与跨部门工作，因为他们可能无法胜任。但那些真正能跨越部门边界的人可能才是你真正需要的。他们常常着眼于大局，善于跨越职能界限开展工作。他们在组织中因成就、远见和执行力而获得声誉。他们是理想的流程负责人。

大多数企业向员工宣扬团队合作的信条，但采用流程导向的公司往往会惊讶地发现，他们的许多员工都不具备团队精神。这并不意味着他们不能很好地与人合作，只是公司很难说服员工把个人的认可和进步放在一边，以团队形式工作，并接受整体考核和奖励。如果我们列出员工需要拥有的特点，那将包括与他人协作、帮助他人、关注结果、努力工作、为了更大的利益工作、渴望学习和提高、渴望解决问题、能够处理建设性的批评、善于倾听和沟通、愿意成为“无名英雄”、雄心勃勃但不伤害别人，以及自信但不咄咄逼人。这个理想员工的标准怎么样？

能力更多是指学习能力，不同的企业对此要求不同。一份以财务为重点的工作需要员工有理解数学、会计、财务报表和财务关系的能力，而公用事业或以科学为基础的工作需要员工具有相关的技术技能。能力也包括理解企业中其他岗位工作内容的能力。员工可能不需要自己解析财务报表，但他必须了解财务人员如何工作，以及他们在公司的成功中扮演的角色。

美国希尔斯宠物营养品公司（Hills Pet Nutrition），一家科学饮食宠物食品的生产商，就是一家以流程为中心的公司，它用最终结果证明了流程的价值。当公司在印第安纳州的里士满建新工厂时，它采取了一种“能力 / 态度”的方法招聘了 300 名员工。对里士满的人来说，新工作的招聘广告可能让人有点困惑，因为它强调团队合作，并明确表示不需要工厂经验。在 1000 多份简历中，工厂管理者和人力资源部员工仔细筛选，寻找那些有积极性、有能力学习新工作方法的人。新聘用的人员中有教师，毕竟他们习惯了学习环境，还能帮助班上的学员一起很好地学习。被雇用的还有警察，因为他们懂得遵守规则（这就是流程的全部）、思维敏捷，并且擅长在危险情况下相互保护。不过，在这些新员工中，拥有军事经验可能是最不寻常的背景，而且不是普通的军事经验。有几名新员工曾在美国海军潜艇部队服役，他们最终用实际行动证明了自己的优秀。毕竟，如果你曾在一艘潜艇上工作，就已经深深“沉浸”在流程中了。如果一个同事生病或受伤，你需要完成交叉训练，以胜任其他的工作。他们通常能高度意识到团队合作的必要性和好处，并精通快速和有效的问题解决方式。毕竟，如果在潜艇上出现分歧，没有人会走到外面去解决。

我们并不是说每个采用流程中心结构的公司都应该雇用教师、警察和潜艇部队退役士兵。唯一的重点是，当你寻找拥有正确的态度和较强能力的员工时，无须划定范围，任何地点和领域都可能出现合适的人选。

20-60-20 规则

大多数公司在成为以流程为中心的企业的过程中，不会奢侈地雇用一个新手。别担心，那真的不是问题。当你朝着流程工作的方向前进时，你会惊讶于员工中有价值的员工的数量。的确，许多人抵制变革，改革公司流程代表着巨大的改变，意味着报告结构的变化、工作职责和头衔的变化、责任和负责内容的变化，以及薪酬和奖励制度的不同。然而，一旦有员工意识到流程改革会带来巨大的好处，他们就会发现令人兴奋的机会。他们会意识到，从事一项更复杂、更广泛、适应性更强、能带来巨大价值的工作，不仅会让人兴奋，而且会比其他任何事情都更能提高工作保障。他们将不再只是机器上的一个小零件，相反，他们是机器本身。他们发现自己可以为公司和客户带来实质性的改变。

多年来，我们发现，当一家公司最初开始向高效、以流程为中心的结构转型时，它会体验到20-60-20规则。大约会有20%的员工乐于接受这种流程方法。他们喜欢改变，在创新的环境中茁壮成长。他们通常是新项目的志愿者，经常被提拔或被考虑安排新任务，并且每一项都做得很好。他们会对变化感到兴奋，对止步不前感到失落，他们不惧怕在会议上发言，有源源不断的新创意，即使他们过去的想法常被否决。他们通常会强调要认识很多组织外的人，因为他们希望尽可能多地吸引更多的人来接受他们的想法或改革。那些在企业中人脉广的人，他们的想法和意见受到尊重，如果他们处在高级职位上，可以成为改革的领导者；如果他们等级较低，可以成为一条龙工作人员。公司里，并非每个员工都愿意加入新流程，一个能够影响他人、让人兴奋并加入团队的员工是无价的。抓住这部分员工，他们通常可以成为设计团队中的优秀设计师或优秀的内部顾问。但要注意：如果你不充分利用他们的热情和技能，并适当地奖励和认可他们，他们就会气馁。如果公司出于某种原因放弃了这个流程，他们就会开始寻找其他更好的地方。经济环境将决定有多少人离开。如果经济陷入低迷，那么这些人寻找其他工作会很困难，但通过经验我们可以知道，在一个经济增长的环境中或在一个健康的行业，这些理想主义的行动家可以另寻出路，在能更好地利用他们的天赋和热情的企业中工作。

一开始，20%的人会讨厌它，不管你如何循循善诱地解释其好处，或者如何清楚地展示结果。他们要么就是无法理解，害怕这会对他们的工作造成影响，要么就是讨厌改变。随着时间的推移，许多人将继续在流程环境中工作，并成为有效的工作者。一些态度消极的员工会自愿离开企业，原因包括自身的不适、技能缺乏或对需要团队合作、承担责任和履行义务的流程环境缺乏兴趣。这是一件好事。你可以用更可能在流程环境中茁壮成长的员工来替代他们。

你真正需要担心的是不情愿的员工中的一小部分，他们会成为破坏者。一些破坏者很容易被识别出来。他们总是抱怨，或者反复强调旧流程的好处。但有的员工会进行伪装。在会议上、在老板面前、在公共场合，他们会表达正确的态度，但实际上他们正在破坏其他人为改造流程所付出的努力。令人惊讶的是，你有时会发现这些“内部恐怖分子”在传统环境中曾被认为潜力巨大，并具有一定影响力。对他们来说，团队合作意味着他们可能不得不分享利益。他们害怕被淹没于人群中，无法根据自己的表现得到认可、奖励或晋升。他们已经习惯并掌握了现有的方法和措施，这也是他们在传统环境中成功的部分原因。流程改变会打乱他们努力工作的方向。加里就是一个很好的例子。他是一家电子制造商制造部门的副总裁，他令人愉快，安静而体贴。为了让一家倒闭的工厂起死回生，加里被招进公司，并成功地完成了工作，这使他赢得了这个职位。当公司决定将流程工作作为重振增长的一种方式时，加里似乎加入了这股潮流。在会议上，他常发表积极的评论，但他通常也会表示出对流程工作某些方面的“关注”。这个现象持续了好几个月，最终公司明确意识到加里是在保护那些对他忠心耿耿但表现不佳的员工。他们不想成为流程工作的一员，而是想以自己的方式做事，加里的“关注”则是在为他们内心的反叛提供掩护。当CEO注意到制造部门正成为流程转型的障碍时，公司才开始仔细观察加里在流程背景下的表现。加里很快就离开了，一位工程师，同时也是杰出的流程倡导者，成了制造部副总裁。

正如这个例子说明的，“内部恐怖分子”破坏流程变化的方式可能会非常微妙。你必须注意寻找线索。要提防那些经常以“我从大家那里听到了这个消息”为幌子提出反对意见的人。他们真正在做的是试探别人对自己观点的反应。其他的反抗策略包括：想出无数假设来延迟对流程的设计或实现，并试图强调特例的存在；找到其他人同意他们的观点，让其他人说出想法，这样他们就不必自己开口；关注错误，制造一种因犯错而产生的恐惧和冒险的感觉。所有这些小动作通常都隐藏在他们“保护公司”或“保护客户”的外表下。如果发现这些员工，请立刻把他们赶走，他们只会对你努力的成果造成损害。

你面临的真正挑战是观望中的60%的员工。他们有开放的思想，只是尚未下定决心，他们会通过观察两个20%的群体来决定自己的选择。你需要一遍又一遍地解释流程重新设计工作如何以及为何能改善公司前景并提高工作保障。这可以通过持续、频繁的训练，以及日常交流来实现，最重要的是让他们参与到流程中。不要把心存疑虑认为是破坏的表现。你不会想要机器人般的员工，你想要的是能够思考问题的人，那些能够强调或揭示一些其他人可能没有看到的伟大事物的人。与这些有好奇心的人进行一对一的交流很有效，你可以问他们：“你听到别人怎么说这个计划?”你要给他们必要的安全感，鼓励他们发表自己的观点。然后你可以进一步征求他们的意见——“你建议我们如何解决他们的担忧?”让他们参与解决问题是一种很好的方式。这些员工也有助于预测计划可能出现的问题，所以让他们参与到流程评估中能发挥巨大作用。最后，他们也应该加入测试组，用于测试通信和消息传递情况。显然，你还应该承认他们的参与和有价值的投入。如果他们有足够的影响力，其他人会看到他们已经更深入地参与进来，这就发出了一个强烈的信号。你也可以把他们送到其他公司去观察流程，检查其他公司为流程改造做的准备工作，并回来汇报。这样他们能从中学习，将其总结成自己的想法，成为“英雄”。

通过这些努力，你可能会对结果感到惊讶，尤其是当你看到安静的、并不以工作积极性出名的员工，却经历了顿悟时刻，走出自己的舒适圈，成为重要的贡献者。米其林就曾有这样的经历。在旧流程中，这些人永远无法活跃起来，但现在他们有了具体的指标和权力。每个月的月末，公司都面临许多问题，因为销售人员在赶着完成目标，他们经常向顾客报出不符合公司价格表的价格，结果带来一片混乱。最终被提供给客户的发票反映的是米其林的标准价格，而不是销售人员所报的价格。愤怒的顾客抱怨不断且拒绝付款，于是应收账款以惊人的速度增长。当公司转向“需求—现金”流程时，负责订单处理的高管授权员工拒绝任何与米其林报价不符的销售部门订单。起初，负责订单录入的员工非常犹豫，他们不愿告诉强势的销售人员订单被拒。但随着订单流程和计费流程被梳理得越发顺畅，订单录入人员开始意识到自己的价值，对说“不”也越来越有信心。最终，就连销售人员（通常是最难对付的员工）也开始尊重他们的判断和权威，月末的账单问题基本消失。

评价与奖励

尽管公司有成百上千的考核指标来评价业绩，但其中许多指标的评估效果都不尽如人意。讽刺的是，这些考核指标也是业绩低下的原因之一。表现不佳的公司常常在考核错误的事，因此导致员工做出错误的行为。对公司来说，典型的情形是：在考核单个工作时，发现每个工作都被执行得非常好。“如果事实就是这样，为什么我们无法做得更好呢？”他们问。把公司想象成正在节食的人。如果节食者测量自己每天吃蔬菜的量，得出的结果可能会非常鼓舞人心：每天至少吃 6 份蔬菜。很好。但如果只测量蔬菜的摄入量，而不注意甜点、酒精饮料或红肉的量，减肥不成功又有什么好奇怪的呢？

公司设计评价和奖励系统的目的是驱动新的、正确的行为。简言之，它评价的是合作效果和端到端流程的绩效，即企业的总绩效，而不是传统组织中所有零碎绩效的总和。正如下面的例子所示，这种差异可能令人震惊。

阿金特公司（Argent）有一个多年来一直使用的典型评价与奖励系统——以订单的准确性来考核订单处理人员。毕竟，不准确的订单会带来各种各样的麻烦：退货、账单错误和客户不满。问题是，订单处理人员会反复检查和确认订单，因为这是他们的考核标准。检查过程耗费了大量时间，涉及多次电话沟通，导致每个订单投入生产的时间都被严重推迟。结果是，虽然订单非常准确，但是客户因交付很晚而不满意。在成为一家以流程为中心的企业后，阿金特公司改变了考核订单处理人员的方式。除了订单准确性，在订单履行流程中，他们和其他相关部门的员工一样，也因准时交付而获得奖励。订单处理人员仍然关心如何准确处理订单，但不会再花那么长时间检查了。

阿金特公司的例子体现出，传统企业中大多数单独的部门都有自己的一套考核标准，部门中的人员通常以一种不与其他部门联系或相匹配的方式被考核。相反，流程企业考核那些鼓励部门之间协调和协作的工作。这些考核通常在“企业之声”（业务有效运营的必要条件）和“客户之声”（客户想要什么以及愿意付钱得到什么）之间取得平衡。这并不意味着单个部门不能保留自己的考核指标，只是在考核的层次结构中，流程考核指标优先于部门考核指标。如果考核指标导向正确，可以引导员工的行为发生巨大变化，总部位于美国的高科技公司赫尔塞斯工业公司（Helseth Industries，以下简称赫尔塞斯）就验证了这一点。

赫尔塞斯拥有三个核心流程：获得客户流程、供应链流程和订单履行流程。销售部和市场部是获得客户流程的一部分，材料部和库存部是供应链流程的一部分，操作部和物流部是订单履行流程的一部分。虽然每个部门都保留了自己的部门指标，但这三个流程中的所有员工也都有“客户之声”指标（准时交货）和“企业之声”指标（送货总成本）。公司规定，流程指标总是优先于部门指标。由于实现了端到端考核方式，并设定了指标优先级，公司的按时交付率提高了 84.6%。

在成为流程组织之前，赫尔塞斯的部门结构很传统，每个部门都有自己的考核和奖励标准。与其他大多数公司一样，它根据标准财务指标——收入、毛利率和利润来考核销售人员，根据库存水平和送货成本考核供应链流程员工，根据订单质量、准时交货率和人力成本考核订单履行流程员工。

在向客户推销产品时，销售人员通常会把交货日期定在 60 天后。他们知道，采购生产产品所需的各种组件最长需要 25 天，制造部门需要 25 天来构建系统，再留出 10 天的缓冲时间，在大多数情况下是足够的。但由于销售人员的一部分指标与毛利率挂钩，所以他们对零件的定价很敏感。如果销售人员听闻两周以后某一组件会降价，他们会推迟 15 天下单，这样可以以降价后的价格采购必要的材料，从而提高毛利率。这对销售人员很有利，但对供应链人员来说就没那么有利了。“哦，不，如果想要按时发货，我们必须加速处理。”这是供应链人员的典型反应。组件需要加急订购，成本会提升很多。即便如此，制造部门也没有完整的 25 天时间进行生产，他们惊慌失措。匆忙之中，制造人员加班加点工作，组装粗糙，或者零件发生损坏。一旦零件发生损坏，订单只能一直等待，直到替换的零件到货。有时，赫尔塞斯想方设法按时交货，但通常无法做到。进货成本和人力成本居高不下。供应链人员和制造人员的奖金总是很少，而销售人员却因为毛利率的提高而获得额外收入。

最终，赫尔塞斯决定重新设计整个订单流程，并应用端到端考核指标。其中一个是“客户之声”指标——准时交货，另一个是“企业之声”指标——创建订单和交付订单的总成本。之前没有人统计过总成本，一开始统计必须通过手动计算来完成，因为赫尔塞斯的 IT 系统没有获取数据的软件。虽然结果并不精确，但足以让公司知道成本所在。结果令人震惊，销售人员第一次意识到，通过拖延订单来增加自己的收入会带来负面影响。与供应链和制造人员一样，销售团队现在也参与到按时交货的工作中，这改变了他们的行为——收到订单以后立刻将其提交。按正常价格发货的零件及时到达，制造人员可以认真完成必要的组装工作，以确保客户满意。最终，赫尔塞斯近 90% 的订单都能在承诺日期或之前完成。

设定流程考核指标并不意味着取消各个部门的考核指标。部门指标能揭示销售人员的订单类型，防止库存人员为确保组件在库而超量订购，抬高库存成本，并且仍然允许制造人员在非常繁忙的时候安排加班。但是，流程考核指标能激励每个人思考，考虑如何在尽可能高效运行流程的同时为客户服务。为了维持这一变化，赫尔塞斯对员工薪酬进行了调整，以便与相关流程指标保持一致。

改变薪酬体系可能会带来不良后果，因此公司通常随着时间的推移逐步进行这种改变，耗时几个月或几年。最佳的启动改革的时间节点是在开始实施流程时。在模拟和试运行期间，企业也可以同时测试新的职责和薪酬方案。在改革的早期阶段，新流程使用新的职位描述和薪酬计划，其他部门使用传统的指标和奖励政策。我们的目标是将薪酬计划发展成一个具有特定基本比率的薪酬计划，它同时包含能反映流程成果、执行者的个人贡献、企业整体成果的额外薪酬，以及对员工进行专业发展的额外奖励。图 4-3 是一个简单的流程企业奖励结构模型（可自行调整比例）。

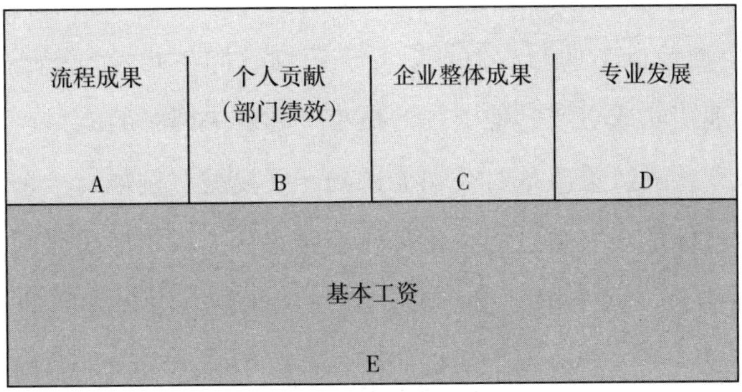

图 4-3　流程企业奖励结构模型

流程成果包括员工工作所在的流程或他的职责会对其产生直接贡献的流程的成果。例如，如果有人在供应链流程下的供应商管理子流程中工作，那么流程成果可能不止包括子流程成果，有时还包括供应链流程成果。

个人贡献（部门绩效）不应被误认为是单个员工的绩效，它是指员工对流程最终成果的贡献。例如，员工个人对供应商管理流程做出的贡献。

企业整体成果不是指员工奖金部分取决于公司整体绩效这样的传统的项目。这是因为传统的奖金制度往往不在员工的控制范围内，员工无法对自己的奖金数额产生任何直接影响，这要么让员工感到无能为力，要么导致员工随波逐流。相反，企业整体成果考核的是不同的流程关联情况如何，以及这些相互连接的流程的整体成果。例如，供应商管理流程与材料采购流程的联系有多紧密，以及如何影响供应链流程？此外，它还可能包括供应链流程与订单履行流程的连接情况。

专业发展对于带领企业持续改善和提高成熟度水平非常重要。例如，这个考核指标可以评价员工对材料采购流程的理解、对供应链流程如何影响订单履行流程的理解，或者对两者在成本和收入方面如何影响业绩的理解。它还可以考核员工的沟通或谈判技巧（有效管理供应商所需），甚至考核员工如何有效地撰写供应商合同。此外，它还可以考核员工与其他团队成员或其他流程的员工一起解决问题的能力。

在管理薪酬政策改革时公司会遇到一些挑战。例如，一个意识到自己的考核指标是个人贡献的员工可能不愿意从流程中抽出时间来发展新的技能和能力。这个担忧很合理，特别是在各个流程之间的连接非常紧密的情况下，一个流程中的任何懈怠都会引起上游和下游的其他流程发生连锁反应。平衡是关键。正如CEO总是在努力平衡公司当前和未来的业绩一样，流程企业也必须发展平衡和一致性以实现业务战略。因此，当流程中员工的考核和奖励标准发生变化时，流程负责人和资源管理人员的考核标准也必须发生变化，以保持一致。记住，流程负责人负责设计，资源管理人员和他手下的员工负责实现，所有人都要对结果负责。看似微不足道的奖励系统也需要被重新设定，尤其是传统的月度最佳员工和类似的激励奖。也许你还记得学生时代会因完美出勤率得到奖励。信不信由你，有些公司也设置全勤奖。这样的奖励会鼓励什么样的行为？比如员工在感染流感的情况下仍然坚持工作，而为了自己和同事的利益，他们本应该待在家里卧床休息，以免传染给其他人。这样的激励方式应该被彻底改革和重新设计，以推动正确的行为，并与公司努力通过流程实现的最终目标保持一致。指标驱动行为。奖励系统值得提倡，但往往可能会使行为与我们的期望背道而驰。在传统的部门结构企业中，这些激励工具会鼓励英雄主义，我们知道，新流程环境中没有“英雄”的位置。“英雄”的出现只是流程失败的标志。

评估与发展

新的薪酬方案自然会导致绩效评估方式的改变。在真正的团队合作环境，也就是流程中，一个员工不仅应该由其所属的部门经理来评估，也应该由其所在团队的成员来评估。对于该名员工对团队绩效的贡献，团队成员有着深刻和独立的理解，可能比部门经理更严厉也更宽容，因为他们对个人情况了解得更详细。流程负责人也会对员工进行评估，特别是关于流程的执行情况。即便如此，部门经理仍然是评估的主力，并且通常会管理其他评审工作。

在以流程为中心的企业中，员工的发展通道也不太一样。传统企业有严格的等级制度，反映在“晋升阶梯”这个词中。在这样的企业中，员工的目标是争取晋升到更高的层级，伴随而来的是更多的责任和更多的奖励。但在流程企业中，职业目标并不是直接指向“晋升阶梯”，而是扩大个人的影响范围，在流程工作中扮演越来越重要的角色。试想，一个飞行员从副驾驶做起，接着成为一架小型飞机（通常是 19 座）的机长。飞行员的职业目标并不是成为负责飞行员的高级副主管，而是希望从 19 座短途通勤飞机的飞行员转变为横贯大陆的大飞机的飞行员，然后是越洋航班的飞行员，每一个航班的规模、复杂性和责任都在不断增加。飞行员驾驶飞机是因为他想驾驶而且擅长驾驶，他不需要行政人员应有的人事管理或财务管理技能，试图强迫他进入一个不适合他的经验或能力的管理轨道是管理的灾难。将同样的想法应用到以流程为中心的保险公司，入门级理赔员首先负责低价车的低损毁程度的事故评估工作。随着理赔员的学习和表现的提高，他可以成为裁决损害严重的豪华车的流程负责人。员工会逐渐承担更大、更广泛的责任，员工的职责会对公司的财务业绩产生更大的影响，从而创造更大的价值。员工正在对公司产生影响，但他们不属于管理层。这就是流程所能提供的力量。

技能、知识与培训

与传统职能企业中的普通员工相比，流程专业人员需要不同的技能和知识。技能是指员工能做的工作，并不局限于诸如校准机器这类的动手能力。技能可以被更广泛地定义为包括决策制定、问题解决、团队协作、沟通、进行流程活动和自我管理等多个方面的内容。知识是这些“正面”技能的关键组成部分，包括对业务、企业、客户、供应商以及行业动态的了解。

几乎可以肯定，你的企业已经有了提供这些要素的培训和教育计划，通常是以课程的形式。流程课程与现有课程非常类似，但包含更多内容，包括对福利改革的概述、对流程的关注、对公司的流程和企业流程模型的理解、“客户之声”和“企业之声”、流程负责人如何工作、拥有自己的流程而不是资源意味着什么，以及流程再造的概念。这些课程很棒，往往会产生巨大的效果，但也需要大量的投入。我们的研究表明，如果公司对流程投资持认真态度，培训和教育预算需要增加 400% 或更多。这些资金被用于各处，包括在必要时提供新的设施和设备，但主要是用于引进外部培训人员和向全体员工推广，而不是只面向少数人。相比之下，设计新流程和指标的成本低得多，但如果不投资于培训员工，并为他们提供工作所需的基础建设，流程就根本无法运行。

我们都听说过，或不止一次看到“员工是我们最宝贵的资产”这样的陈词滥调。2008 年的经济衰退证明，事实并非如此，因为数百万名“资产”被扫地出门。公司在培养注重结果的员工方面进行投资，才是真正将员工变成资产的方式。以结果为导向的员工是发展业务和维持业务的工具，能真正为公司带来价值。

技术：促进还是阻碍

在以流程为中心的企业中，基础建设的技术方面常常被误解为需要实现自动化。当然，流程和自动化之间有极好的协同作用，但是有太多企业没有做好这一点。在没有技术的情况下，流程也可以很高效，但将技术与高效流程相结合可能会带来质的改变。关键是要把顺序安排好，使技术遵循流程，而不是相反。如果这两个步骤的执行顺序有误，或者忽略或绕过流程步骤，就会使公司付出高昂的代价。一个糟糕的自动化流程只会更快地产生糟糕的结果。

这不是 IT 部门的错，而是基础建设支持 IT 部门工作的方式的错。在职能组织中，部门经理会与 IT 部门联系，在给定的预算内开发新的系统，解决问题。这给 IT 部门造成了负担，结果导致各部门自动化系统独立运行，难以整合。许多 IT 部门的领导都很沮丧，因为其他部门要求他们快速完成项目，之后却抱怨说：“这不是我想要的，你不但交付得晚，还超出了预算。”

有一种方法能结束这种挫败感：首先关注端到端流程，然后通过技术使其增强。我们在这一章前面讨论过的高科技公司赫尔塞斯公司希望将报价周转时间从 48 小时缩短到 10 分钟。该公司竞争对手的基准表现是 4 小时。预算条件允许自动化，但最初设计团队明智地重新设计了流程，在没有自动化的情况下，周转时间为 30 分钟。接着，他们引入自动化，进一步将流程缩短了 20 分钟。

IT 系统必须与流程紧密融合，以支持和加速设计的实施，但它还必须提供与员工、经理和流程负责人进行决策所需的新考核标准一致的数据。企业常常急于按照技术的设计方式实施流程，而忽略了让技术支持目标的实现。这种行为在运行企业资源计划（ERP）系统（如 SAP 或 Oracle）时很常见。它们都是伟大的系统，可以将企业业绩提升到一个新的水平。但是你必须首先确定自己的流程设计，然后尽可能使 IT 系统紧密支持流程，以提高流程设计的业绩表现。

管理者的角色转变

回想本章第一部分中电力设施安装过程的案例。试想，如果一条龙工作人员是你的直接下属会是什么情形。密切关注一条龙工作人员每天所做的事很困难，因为每天的工作都不尽相同，常会让人觉得复杂、模糊不清甚至混乱。在高效的企业中，员工更具有自主性，能够做出决策，拥有更大的流程所有权。他们不需要太多的监督，尤其是不需要传统管理者习惯的微观管理。相反，他们需要管理者承担新的角色，比如流程负责人或教练。在第 3 章中，我们讨论了流程负责人的角色，但现在让我们花一些时间来梳理教练（也称为资源经理）的角色。

在电力公司的案例中，一条龙工作人员的岗位是流程的一个关键部分。从事关键岗位的员工是资产，值得在培训、教育和发展他们的方面进行投资。作为回报，这种投资反过来可以减少在管理监督方面的人力投入，因为员工会变得更加独立自主，不需要太多指导。这为传统的管理者提供了机会，使他们能够降低监督管理工作的力度，多关注新的或不同的岗位。通过扮演直接的增值贡献者角色，一些管理者能回归到“真正的工作”中。很多时候，作为奖励，传统的公司会将优秀的工程师或销售人员提拔为对应的团队经理，使他们离开自己擅长且喜欢的工作。我们常常认为，因为擅长工程师或销售工作，所以他们应该能够（或想要）领导工程师团队或销售团队。但从结果来看这并不合理，然而许多企业内部的系统正是通过这种方式来奖励员工的贡献和绩效。在公司内部，由于没有太多其他选择，员工通常会盲目接受这个机会。然而，高效的流程企业中会拥有合适的系统，用以支持一些结果的达成和识别不同形式的贡献，除了传统的“为唯一的副总裁位置而战”之外，还有新的机会来识别和奖励个人贡献。

流程员工和基础建设的注意事项

- 通过在设计团队中纳入执行流程的员工，来确保团队能够听取流程员工的意见。
- 为流程中的新岗位制订新的培训和发展计划，以减轻员工因绩效指标将发生变化而产生的恐惧。
- 首先重新设计流程，然后才能思考技术如何进一步提高流程绩效。
- 确保新的考核指标与薪酬和奖励政策相一致，防止员工产生困惑。

- 不要受限于部门职责和预算的界限，不要让它们阻碍你创建正确的工作组合，或让正确的员工在新流程中做合适的工作。
- 在没有测试新的员工职位、奖励制度、工作汇报机制和其他改变的情况下，不要进行新流程的模拟或试点测试。
- 不要让技术支配流程。
- 在没有获取流程员工、流程负责人和职能经理意见的情况下，不要进行绩效评估。

CHAPTER 5

第 5 章

领导力与文化

创造改变，维持成果

在哈佛商学院贝克图书馆的目录中搜索关键词“领导力”，会获得超过 1.2 万个条目。亚马逊提供了 2000 多本关于领导力的书。通过谷歌搜索“领导力”，不到 1 秒钟会搜到 1.88 亿条相关内容。在各个公司每天的邮件中，无一例外都包含至少一篇以领导力为主题的新的研讨会、会议或系列视频的公告。

这个话题从不缺乏人们的关注。

那么为什么这本书需要有关于领导力的章节呢？在这个话题下已经有足够的内容了，不是吗？

事实上并没有。除了“大多数文章通常都毫无用处”这一事实之外，我们研究的不是一般的领导力或抽象的领导力，而是一种非常特殊的领导力，即以端到端流程为中心的企业改革领导力。一方面，它缩小了我们关注的范围；另一方面，更重要的是，它极大地提高了领导力的重要性，增加了对领导者的要求。因为对大多数公司来说，基于流程的改革是他们会经历的最全面、最广泛的变革，而许多传统的关于领导力的观点，要么不够切中要害，要么不够有力，无法应对改革给领导者带来的挑战，所以我们将填补这个缺口。

为什么领导力对于流程改革如此关键且被如此苛刻地要求？让我们将其简化。流程改革改变了企业的整个文化。它改变了企业完成工作的结构（流程设计）、员工的工作、员工的绩效考核方式和奖励体系、管理岗位和汇报关系，以及员工管理系统。简而言之，流程改革改变了企业的一切，而不只是一点点。这些都是巨大的变化，是对已经存在多年的企业文化进行的根本性的重组。如果你认为这些变化还不够巨大，那么再强调一点，所有这些变化都是同时发生的！

在企业内部，这种广泛、深刻、剧烈的文化变革，不是内生式的或自行发生的，也不会自下而上发生，更不像朱迪·加兰德（Judy Garland）和米奇·鲁尼（Mickey Rooney）电影中的音乐数字那样自发发生。基于流程的改革通常从高层管理者之下的员工开始，但是高层最终必须支持改革。只有高级经理才有权力要求改革，并且下令、指挥、资助改革。对这样一位领导人来说，仅仅启动流程改革，然后退居二线是不够的。流程改革必然会引发员工的焦虑、恐惧和抗拒，而抗拒的形式和表现比你想象的要多得多。只有高级领导才有能力和影响力来应对这种阻力，尤其是当阻力明显来自其他高管时。

简言之，领导者的岗位职责就是让改革真正发生，不惜代价。领导者会为变革制定愿景，确定目标、优先级和时间范围，提供所需资源，任命流程负责人和其他关键角色，说服所有员工，让他们理解改革对公司至关重要，要求并确保企业各级人员的参与，消除障碍和困难，惩罚阻碍改革推进的员工，奖励做出贡献的员工，努力确保公司度过不可避免的艰难时刻。顺便说一下，在剩余的时间里，领导者还需同时维持公司正常运行。

毫不奇怪，公司要迎接这一挑战并不容易，但别无选择。没有坚定的、投入的、强有力的领导，流程改革就无法落地，即使开始改革了，也会中途失败。我们见过太多的企业开始了端到端改革，却因为领导力不足而走向失败，有的公司甚至已经取得了一些成果。我们简单举例如下。

- 一家汽车行业的供应商经过长达 5 年的讨论，发现自己仍处于计划阶段，原因是领导层犹豫不决，不敢采取行动。
- 一家大型制造商放弃了已经成功开始的流程改革，转而采用渐进式改进的技术，因为即将上任的 CEO 不认可这种方式，而渐进式改进技术在他之前的公司中表现良好。
- 一家金融服务公司眼看着自己的流程改革失去了员工的信任，虽然改革拥有一个良好的开端，然而，当改革由一名不称职的管理人员接手后，因为做出的承诺过于夸张，结果无法兑现承诺。
- 一家连锁超市的改革计划出了差错，因为部门经理担心新流程会侵犯他们的自主权，在面对部门经理的抗议时，CEO 做出了让步。
- 在互联网泡沫时期，一家耐用消费品制造商放弃了将精力集中在电子商务、外包、ERP 实施和供应链整合流程上的努力，因为该公司的领导者不相信所有这些问题都可以通过流程的视角来看待和解决。

这样的企业“领导者”根本称不上领导者。他们不明白端到端流程的真正含义，也不明白它能带来的影响，他们缺乏对行动和结果的渴望，缺乏为了推行全新的工作方法所需的独立的思想和精神的力量。在改革开始后，他们未能及时跟进和融入，无法使改革保持在正轨上，面临阻力时不够坚定，对改革缺乏信念和信心。不幸的是，这些能力的缺乏在管理人员中太普遍了。

我们遇到过的最痛苦、最让人感慨的事，是一家大型制造企业的一群中层经理写的一份备忘录。与客户沟通时，我们经常提到它，每次我们都和客户共同从中学习。这个备忘录类似于公司的地下出版物，由“地下组织”的成员互相传递。读完你会感到痛心。

> 我们是一家传统的职能型企业，正在向流程企业改革，但是我们缺乏系统的企业变革计划。为了保持功能和业务的正常，每个部门都试图尽可能地将改变最小化。各部门表示，“数据都在我们的掌握之中”，或者“我们不会这么做的”，或者“在组织结构图上没有这个岗位”。应急小组正在创造新的变通方案。我们似乎正在用另一套复杂的流程来代替原本的这一套。管理层担心新流程会损害自己的利益，于是试图保护他们的地盘。面对企业的抵制，新流程正在妥协。
>
> 高级管理层对此保持沉默，不愿采取果断行动。他们不坚持真正的进步，并且似乎不在乎。他们只认可自己熟悉的部分，但他们不熟悉的部分其实才是最重要的。我们真诚地希望公司领导层改变这种职能定位，将对改革的抵制控制在一定范围之内。
>
> 我们为这个项目无法取得成功而悲痛。

对于流程改革为什么需要领导力，没有比这更有说服力的陈述了，关于领导力需要什么条件，也没有比这更有说服力的描述了。流程改革不可避免地会引起反对，尤其是来自职能部门和业务部门的负责人的反对，他们更习惯旧的工作方式。如果没有领导层的干预，抵制将会让改革前功尽弃。

最令人沮丧的地方在于，写下这段话的时候，毫无疑问，这家企业的高管都认为他们在领导公司及其改革方面做得很好。为了理解为什么他们的做法不正确，让我们逐一查看一些措辞，看看变革型领导真正需要的能力是什么。

- “缺乏系统的企业变革计划。”领导力不仅仅关乎个人魅力，它关乎创建一个从开始到结尾的有序的规划。
- “不愿采取果断行动。”果断是关键词。只会拖延、妥协或者希望问题自行解决的领导，根本就不是领导。
- “不坚持真正的进步。”巨大的改变不是可选择的练习或自愿的活动。真正的领导者不“请求”结果，而是“要求”结果。
- “似乎不在乎。”这可能是所有错误中最致命的一项。要在整个企业中推动重大变革，领导者必须对变革深切关注。你不能奢望用自己都感觉不到的热情感染别人，激情是对变革型领导者最重要的要求。
- “他们只认可自己熟悉的部分。”要想改革工作行之有效，领导者必须准备好按照计划进行改革。如果一个领导者宣称某些领域无须改革，或者他没有意识到改革的全部含义，那么他就根本不是真正的领导者。

鉴于改革对领导者的高要求和这些令人沮丧的故事所证明的失败，

你可能对是否真正存在领导力感到怀疑。不要怀疑。通过流程改革而取得成功的公司（有很多这样的公司）之所以成功，是因为它们有幸拥有能够应对这种情况的领导者。这些领导者的特点和你想象的不一样，与他们交流会让你受到启发。从他们的经历和故事中，我们可以了解到变革型领导者的必备素质。

改革之路

你不必成为改革的发起者，但你至少需要得到高层的默许。“高层”不一定指公司的最高层，它可以指部分业务的高层，只要该部分包含真正的端到端流程。汤姆·珀维斯（Tom Purves）只是壳牌公司的普通员工，但他发起了一场改革，正在改变这家全球第三大公司的面貌。

汤姆不符合好莱坞的典型商业领袖形象。他来自中西部，身材高大，为人友好、低调，拥有艾奥瓦州州立大学的化学工程硕士学位。他最初在壳牌公司的工厂担任工程师，负责炼油厂的故障排除工作。他一路升职，逐渐开始负责多个炼油厂运营和维护的方方面面。直到20世纪90年代初，他成为壳牌公司美国精炼厂的生产主管，然而这开始让他感到沮丧。

要理解汤姆所面临的困境，你必须对炼油厂的工作流程有所了解。炼油厂是一个庞大的化学设施，分布在数百甚至数千英亩[⊖]的土地上。原油进入炼油厂，在各种加工装置之间流转，加工装置将原油蒸馏、裂解成各种产品，脱去产品中的氮和硫，以不同的方式将它们混合，等等。这些装置是在高温高压下工作的大型机器，它们彼此相连，通过几

⊖ 1英亩=4046.856平方米。

英里长的管道与储罐连接，并配有无数的阀门、泵、监视器和计量表。

有一个古老的笑话说，在未来的工厂里，只有两种生物：人和狗。人的工作是喂狗，狗的工作是确保人远离设备。炼油厂还没有达到那种程度，但它正朝着那个方向发展。炼油厂的工作都由加工设备完成，员工的职责是确保设备正常运转。炼油厂的大多数员工可以被分为三类。一类是控制室操作员，他们坐在看起来像美国国家航空航天局调度中心的设施中，监控着数百个仪器，仪器能显示所有设备的状况以及工作进度。他们对流程进行调整，并在出现问题时采取行动。这一行动通常要求第二类员工也就是外部操作人员对设备进行基本维护，如更换过滤器。除此之外，还有专业的维修人员，包括机械师、焊接工和电工，这是第三类员工，他们负责一些复杂的工作，比如拆卸和修理发生故障的泵。

确保设备正常工作是炼油厂的命脉。而且因为炼油厂的特殊性，有很多设备是在极端条件下运行的，维护工作是日常必需的，不是偶然事件。炼油厂在进行周期性重大维护时通常会歇业——这被称为周转时间，但其余时间应该都在正常运转。当设备发生故障时，需要员工迅速将其解决。汤姆负责的炼油厂却有超过 10% 的计划外停机时间，这是一个令人尴尬的数字。汤姆说他花了很多时间给维修人员施压，试图让他们做得更好，直到他意识到这不是维修人员的错。他们独立完成自己的工作，但他们互相之间配合得不太好。例如，假设控制室操作员注意到需要更换一个泵，他们会让一个机组停工等待维修，同时通知外部操作人员阻止流入泵的流体，排出泵内的油并进行冲洗，以便机械师拆卸和修理。但是这三个部分的工作人员完全没有互相配合，以至于外部操作员在很长时间后才被告知这个问题，或者机械师在操作员完成工作之前就出现了。其结果是，机组停工时间远超预计的时间。

凭着直觉，汤姆意识到，根本问题是不同职能部门之间缺乏协调，所以当遇到端到端流程的概念时，他眼前一亮。他决定将一种起源于航空业的方法应用于机组维修工作中，这种方法被称为“以可靠性为中心的维修”（reliability-centered maintenance，RCM），因此他创建了名为 RCM 的新的端到端流程。其理念是在机组维护方面更加积极主动、更加严格，而不是匆忙地一一解决问题。新流程的一个关键做法是：外部操作员每天与工程师碰头，评估设备的工作数据，共同建立当天的工作列表，指定工作人员、工作时间，并将该列表分配给所有参与的员工。

汤姆还将流程思维应用到保证安全生产（ESP）的流程中，这个流程被用于确保控制室的操作员学会团队合作和遵守纪律。过去，每个操作员对问题是否值得关注有不同的标准。警报响起时，不同的操作员会做出不同反应，结果是可能会忽略关键的警报。ESP 的核心是：“我们知道自己的极限，一切一直都在掌控之中。”对于机器产生的数据的含义，以及在各种情况下的应对措施，每个人都必须清楚、明白。这个新流程也规定了换班工作的内容。现在，交班的人员必须负责与接班人员一起审查设备的运转情况。该流程还包括每天在控制室举行的一个正式会议，由操作人员、工程师、主管、维修人员和其他相关人员参加，对设备性能进行结构化的评估。换句话说，先前的应急措施变成了例行工作。新流程还赋予操作员更多的责任，以激励操作员遵循流程并对流程绩效负责，同时也有其他职能规定来支持操作员的工作。

实施 RCM 和 ESP 带来的结果令人惊喜：炼油厂的计划外停机时间从 10% 急剧下降到 3%。完成这个业绩时，汤姆并不是壳牌公司的 CEO，甚至不是炼油厂的老板。但他下定决心为炼油厂的业绩采取行动，对想要实现的目标有一个设想，并对实现目标充满热情。他也确实有足够的权力让参与流程的各个部门遵循新流程。员工愿意认真对待汤姆的想法，尽管这些想法很激进，但是汤姆的经验和脚踏实地的态度赢得了员工的尊重。他还得到了他的老板——炼油厂主管的支持。并且，在实施RCM和ESP的过程中获得的初期成效，让汤姆赢得了极大的信誉。

汤姆所取得的成绩引起了其他炼油厂的关注，他们也开始采用RCM和ESP流程。我们将变革的领导者定义为真正实施改革的人，汤姆完全符合这个定义。最初，他的改革通过影响力和思想的力量来实现，而不是通过权力和权威。汤姆是壳牌公司改革的强尼·阿普尔西德[⊖]，在公司内部传播端到端流程的力量。他用无可辩驳的事实的力量，让其他炼油厂的领导者理解了端到端流程的优势；他组织各炼油厂代表开会，让这些员工直接听到在其他地方取得的成就，并有能力亲自向他人宣讲这一流程。尽管一些同事和上司对汤姆的反应不冷不热，但他没有被吓倒，他肩负起了重要的使命。

愤世嫉俗的人会认为好人没好报。但不久之后，汤姆就被提升为美国最大的炼油厂之一——壳牌亚瑟港炼油厂的现场经理，也就是最高管理者。这是他在大范围内应用流程改革的机会，但新的挑战随之而来。亚瑟港炼油厂是壳牌公司从另一家公司收购来的，管理团队和一线员工对所有的流程都持怀疑态度。最大的问题是，亚瑟港炼油厂比他以前实施流程改革的工厂要大得多。汤姆面对的挑战是让炼油厂的1200名员工都理解新流程，并接受流程改革。

⊖ 强尼·阿普尔西德（Johnny Appleseed），本名John Chapman，是美国的民间英雄，在苹果树的种植过程中起到了重要作用。——译者注

汤姆采取的第一步是清理部分顽固不化的经理。汤姆引用了一个在流程改革中非常有名的说法，他对经理说："我们开始了一段旅程，我们会照顾伤员，但也会清除落后者。"换句话说，你会在需要帮助的时候得到帮助，但如果你拖后腿，我们只能将你逐出队伍。汤姆确实做到了。

但这不适用于所有的1000名一线员工，汤姆必须说服他们和他一起"旅行"。汤姆的方法是坚持不懈地宣讲，直到他们意识到他是认真的。汤姆走出办公室，走进炼油厂、控制室，进入现场，亲自与操作员和维修人员交谈。他不停地向他们解释，内容不仅包括他努力完成的目标，并且包括为什么要完成——流程改革的目的不仅是为壳牌公司股东赚更多的钱，而且也为了让亚瑟港炼油厂持续发展，继续为员工提供工作岗位与工作保障。领导必须沟通、沟通、沟通，这是老生常谈。根据汤姆的经验，这是一个有效的做法。在5年的时间里，汤姆估算自己重复了5000万次流程改革的5个目标：

- 无人受到伤害。
- 100%遵守所有规章制度。
- 顺利实施。
- 获得最佳收益。
- 持续保持最低水平的可持续成本。

汤姆将所有一线人员分成小组，一一与他们进行会议沟通，向他们解释新流程的意义、每个人的岗位职责，以及对他们的期望。即使与每个员工都沟通过一遍了，他还是不停地重复，他担心一旦自己不再念叨，员工可能会认为他的决心发生了改变。汤姆也让手下的经理参与沟通活动，确保他们完全理解流程的意义，并将其传播推广。

汤姆还必须改变亚瑟港炼油厂所有员工的想法和行为。他意识到必须利用手下的经理去接触和改造员工，但首先，他必须改造经理。为此，汤姆设立了每日管理会议，因为炼油厂在周末和节假日也正常运行，所以管理会议每天都会召开。从本质上说，这是管理层与操作员以ESP和RCM为中心直接对话的会议。最接近前线的主管坐在管理会议的中央，更高级别的经理则围坐在他们周围，以强化一种植根于RCM和ESP的概念，即一线员工是炼油厂最重要的人，其他人的工作就是支持他们。这类会议的内容重点是讨论流程及流程考核方式。管理人员展示流程绩效数据，阐述和解释这些数据，并描述取得的成果。

汤姆通过会议迫使经理消化流程知识，并习惯从流程的角度思考。只要汤姆在炼油厂，他都会亲自出席这些会议。如果他没有参加，就会传递出这样的信息：会议并不重要。当经理表现出汤姆期望的思维方式和行为时，说明观念已被强化。当某个经理仅仅展示数据时，汤姆就会考验他，要求解释数据，并询问他所做的努力。

领导力无法通过远程控制来实现。高层领导每天都必须参与其中，否则员工将会回归到从前的根深蒂固的思维和行为方式。汤姆的积极参与让流程思维在亚瑟港炼油厂实现了制度化。他用来改造亚瑟港炼油厂的方案也在整个壳牌公司得到了复制。

汤姆的领导带来了丰厚的回报。最初他接手时，亚瑟港炼油厂的意外停机时间超过8%，现在骤降至2.8%，位列世界第一。也许更重要的是，汤姆树立了榜样，促使壳牌公司改造其在世界各地的炼油厂的流程，并使用汤姆设计的流程。汤姆本人后来又负责领导壳牌公司在墨西哥湾沿岸所有炼油厂的改革。他的经历提醒我们，一个意志坚定的、拥有强大力量的人，一旦充满激情地去实现他的想法，就能改变世界。

艰难之处

领导力是关于愿景和承诺的，但它也关于采取困难甚至是令人痛苦的措施，以确保公司实现目标。吉姆·奥布莱恩（Jim O'Brien）领导亚什兰公司（Ashland，简称亚什兰）改革的经历就证明了这一点。

如果你觉得自己的企业有问题，那想象一下你不得不面对2002年吉姆所面临的困难。47岁时，吉姆刚刚被任命为亚什兰公司的CEO。这是一家拥有50亿美元资产的石油和化工企业集团，旗下最知名的企业是生产汽车护理产品的胜牌公司（Valvoline）。不幸的是，那时的亚什兰即将失去其炼油和销售业务，而这部分业务贡献了公司约一半的销售额和利润。根据亚什兰和胜牌公司几年前达成的一项复杂的合资协议，胜牌公司将被另一家石油公司收购。留给吉姆的将是大堆杂七杂八的从铺路到水处理的业务，其中大部分都在经营和财务上苦苦挣扎。吉姆可能会想自己为什么要接下CEO的工作。

公司里的其他员工都想知道，在公司工作了22年的老将吉姆能否经受住考验。但吉姆并不是大家印象中的那种CEO。他在一个小镇长大，曾在俄亥俄州的一个仓库里搬运箱子、在食品公司的生产线上混合配料，也曾经为了铺设铁轨而住在帐篷中。他星期五从大学毕业，星期六就结了婚，接着星期一便开始了在亚什兰的工作。在亚什兰，他担任过市场营销和销售领域的财务总监，同时通过在晚上学习，获得了MBA学位。他创立了亚什兰加油站品牌，在胜牌公司做了6年总裁，然后在47岁时被任命为亚什兰公司CEO。这绝不是一个会在挑战面前退缩的人。

吉姆没有沉湎于过去，而是专注于创造未来。对于亚什兰，他的愿景是使其成为一家综合性特种化学品公司，而不再是一家由一群松散的附属公司组成的控股公司。换句话说，吉姆希望产品种类丰富，但公司是一个统一整体。这意味着吉姆将撤除亚什兰的许多部门，重新整合剩下的部门。具体来说，这意味着在整个亚什兰范围内消除重复和低效，从而降低成本。实现这些对工作的要求很高，但吉姆有一个秘密武器：端到端流程。

吉姆在经营胜牌公司时就已经熟知端到端流程的概念，他在子公司曾遇到过的问题正是母公司问题的缩影：一个由各个领域组成的松散集团，每个领域都有自己的经营方式。这给每个领域的领导者一种强烈的自豪感、所有感和自主权，但这对公司的业绩并没有多大帮助。有些业务单元比其他业务单元做得更好，而有些业务单元做得更差。它们之间没有互相学习，没有最佳实践的分享，也没有规模经济。吉姆在阅读中接触到了流程的概念，他意识到这是一个工具，通过流程，可以先改革胜牌公司，然后改革亚什兰公司整体。

吉姆的策略甚至比大多数基于流程的改革更加雄心勃勃。他不仅要使用端到端流程来集成职能部门并排除浪费类的和非增值类的工作，还要在所有的业务单元中将这些流程标准化，使各个业务单元的工作方式一致。为了确保每个员工都遵守这些通用流程，他决定用 SAP 系统来提供支持。也就是说，每个业务单元都将使用相同的软件系统。过程标准化的好处惊人。使用相同的计算机系统和一套用于通用流程的培训和支持工具可以节省大量的费用，还会让公司向客户展示的形象更加统一。但是吉姆想更进一步。一旦流程在所有的业务单元中都实现了标准化，各个流程就可以从这些单元中分离出来，并嵌入到集中式共享服务组织中，该组织可以代表所有业务单元运行流程，从而带来巨大的规模经济。

现在，许多公司正致力于流程标准化和集中化，但亚什兰公司是最早看到其中的潜力并采取行动的公司之一。吉姆最初着眼于公司的供应链流程，包括从订单到现金、采购到付款、计划到交付（生产）流程。这些加起来占据了亚什兰公司50%以上的成本，所以对于流程改革是一个巨大的机会目标。

但是，对目标越雄心勃勃，改革规模就越大，不可避免地，感觉受到改革威胁的员工做出的抵制也就越强烈。人们普遍认为流程改革的最大阻力来自一线。事实上，最大的阻力来自公司最高层，因为最高层损失最大，也最有机会破坏流程改造工作。亚什兰子公司的董事长们极力反对改革，他们认为改革侵犯了自己的“领地”。他们最初的忠诚似乎是对习惯的权力、监督和控制权的忠诚。在集中式供应链流程企业中，供应链领域的职能主管被赋予了新的甚至更高的职位，但他们认为自己在失去权力。对他们来说，一个高级的部门头衔及其附属品似乎比工作本身和能为公司做出的贡献更重要。吉姆准确地将所面临的挑战比作19世纪意大利的统一，他要让“中世纪各王国的首领”放弃对狭小领域的控制，以支持建立更大的实体。

吉姆首先试图说服高级经理加入他的工作，让他们参与到流程设计中，这样他们就能将概念内化。吉姆向他们展示公司会得到的好处，并试图让他们“不关注你是谁，转而关注你能做什么”，关注贡献，而不是头衔。这对于一些员工可能有效，但并不是对所有员工都有效。

吉姆告诉他的高级经理团队，他会给每个人两次机会。如果员工对他所做的事情表示反对，吉姆会倾听他的想法，但仍期待他能加入进来。之后，如果有人表现出难以适应，似乎迷失了方向，吉姆会提供帮助和支持。但两次之后，员工如果不能达到吉姆期待的贡献和结果，那就只能选择离开。

18 世纪的英国文学家塞缪尔·约翰逊（Samuel Johnson）曾慷慨激昂地宣称，爱国主义是无赖最后的避难所。但他错了，声称“我们不一样”才是无赖最后的避难所。一些部门领导口头上支持吉姆流程标准化的想法，却声称由于部门具有“特殊性”而请求不进行改革。吉姆回应说，他将关闭公司除新的 SAP 系统外的所有计算机系统，这样每个员工都必须遵守新的流程，否则就只能靠算盘度日了。另一些人则反对说，如果他们的供应链流程依赖于其他部门，那让他们对财务结果负责是不公平的。吉姆告诉他们，他不在乎他们所认为的公平，他正在制定新的规则，并希望他们与供应链流程负责人合作，以实现由他们共同负责的绩效。

吉姆担任 CEO 一年后，公司 50 名高管中仅剩 15 人仍在公司任职。其余人员无法适应吉姆的规划，有些人自愿离开，但大部分是被迫离职。吉姆说，这并不让他感到高兴，事实上，这是他作为领导者必须做的最困难的事。他认识这些同事很多年，曾在他们中的许多人手下工作，大多数人是他的朋友。但他的首要职责是对公司负责。改造公司是他对亚什兰公司的员工和股东的责任，公司里没有任何地方留给那些不愿意帮助他的人。

吉姆的经历并非个例，愿意面对高级管理人员的抵抗是真正领导者的标志。正在进行流程改革的公司里，许多高层管理人员将无法生存，因为改革对他们的自尊造成了冲击。通常情况下，我们估计有一半的高层无法理解流程改革。不幸的是，这一统计数据只能作为参考，因为它有非常大的标准偏差。在某些情况下，这个比例要低得多，而在另一些情况下，这个比例甚至比亚什兰公司的比例还要高。

就像几乎所有其他的正在改革的公司一样，亚什兰也遇到了一些困难，当时一切似乎都不太顺利。新流程似乎使一些订单出现了错误，运输费用似乎在上涨，吉姆的一些朋友来找他，表示这证明了流程改革不应继续进行，他正在犯错，而这会毁掉公司。虽然吉姆承认有过一些不眠之夜，但他没有让别人看到他曾有过的任何疑虑。他表示，由于他密切参与了新流程的细节，他不需要依赖其他人来评估新流程的潜力。他下定决心，认定尽管目前有困难，但新流程最终会带来改进，会得到回报。他告诫其他效仿他的人，要预料到"情况在好转之前会变得更糟"，并且当情况变糟时，他们必须坚持自己的承诺。

值得注意的是，考虑到亚什兰正在经历的变化的根本性质，吉姆觉得他本应该比现在更快、更早地实施其中的许多改革。他认为，一个正在创造未来的领导者需要帮助员工脱离过去，因为一个人在熟悉的环境中生活的时间越长，就越难以适应新的环境。幽默作家芬利·彼得·邓恩（Finley Peter Dunne）曾说过，"政治不是丢沙包"，引领改革也不是。它需要自信、坚韧，以及不惜一切代价取得成功的意愿——所有这些品质都在吉姆·奥布莱恩身上得到了体现。

流程文化的 5 个关键价值观

公司的企业文化中有许多价值观，但是对流程改革工作来说，有 5 个关键的价值观必不可少：团队合作、客户至上、责任、改变和纪律。

团队合作

每个人都必须认识到，自己的工作只是整体计划中的一部分。如果作为一个领导者，你能够帮助员工将这种观点内化，他们就会对同事产生一种新的态度，把同事看作团队的一员，分享共同的目标，理解只有与同事合作才能取得成功。拥有这些价值观的员工会表现出特定的行为，比如注意避免给在同一流程中工作的其他员工造成阻碍，甚至试图提供帮助，并与同事合作解决出现的问题。现代企业尽管总是强调团队合作，但真正做到的员工很少。

客户至上

对许多一线员工来说，“客户”只是一个词语，一个没有实际意义的抽象概念。除非与客户有直接接触，否则他们不太可能了解自己的工作到底会对客户产生什么影响。与之不同，以端到端为导向的流程则完全是以客户为中心的。如果员工认同流程概念，他们会意识到自己的工作如何影响客户，因此就会努力以为客户创造更大价值的方式工作。客户，而不是经理，将成为他们的指路之星。员工不会觉得完成了老板交代的工作就可以休息了，他们会继续努力，直到客户的需求得到满足。

责任

层次化和碎片化企业的基本操作原则是推卸责任：“客户未收到订单、设计无法按时准备好、成本失控，都不是我的错，是另一个部门没有满足我们的需求，它给我们制造了麻烦，把事情搞砸了。即使是我的错，那也是老板的问题，与我无关。”流程环境对这样的想法零容忍。如果流程中的每个人都关注客户和结果，那么责任由大家共同分担，没有任何一个人能够完全控制结果。

改变

改革带来的改变是巨大的。如果员工害怕改变，认为改革是完全陌生的事，他们就不太可能接受，更不太可能对流程改革抱有热情。流程文化应该让员工认识到改变和改进是持续存在的，并让员工适应甚至渴望改变。

纪律

真正的流程有明确的设计方案，企业中的每个人都要遵循这一原则。流程设计不是指导每个任务如何执行的微观规范，但它确实要求员工在正确的时间使用正确的信息执行正确的任务。许多企业缺乏有效的流程，造成了某种单个员工竭尽全力去达到期望结果的现象，即创造了企业“英雄”。正确的流程设计不需要“英雄”。

如果一个企业想要通过流程改革获得成功，那么企业文化需要鼓励员工进行团队合作，以客户至上为核心，鼓励个人承担责任，接受改变并重视纪律。不幸的是，当前大部分企业的文化很少是流程友好的。许多企业的文化看重英雄气概和个人素养，而不是团队合作；鼓励取悦老板而不是客户；提倡逃避而不是承担责任；害怕改变，反感纪律。这听起来是不是很熟悉？重要的是如何将企业文化从“流程敌对”转变为“流程友好”。

领导改革

每个级别的领导者都有自己的风格，这很好。领导力需要反映自己的个性和长处。它随经验产生，无法简单获取。然而，成功的改革领导者在努力的过程中会采取特定的手段。你需要将这些手段尽可能多地运用到你自己的流程改革中，但同时也需要根据你自己的风格和企业的需求做出不同程度的调整。

教育

教育是部门型文化向流程文化改革的重要元素之一。如果企业不理解你想要实现的结果及如何实现，那么就不能期望企业中的员工理解并完成自己的工作。教育过程以在企业中培养出流程改革领导为开端。这可以通过为高级领导者开设课程来实现，课程内容包括讲座和研讨会。参加这些课程不仅可以帮助高级管理者了解复杂的流程改革语言，还能向企业中的其他人发出“这一举动很重要”的信号。记住，当出现巨大变化时，员工首先关心的是：“老板知道这件事吗？接受吗？”

一旦有了流程领导者团队，你就可以开始让流程领导者作为老师，更广泛地宣讲流程改革。当然你自己也不要逃避教学责任。让高级领导者教授一群比他低几级的员工，可以强调领导的个人认同，显示流程改革对企业的重要性，确保改革思维的正确传达，同时也能让你用你的激情感染别人。

你和其他领导者应该通过实践来教学。向员工展示端到端流程如何改进组织的各个方面的最佳方法之一是让他们就如何使流程变得更好提出建议。这种方法不仅能创造更强的认同和理解，还能产生一些有价值的思路。

树立榜样

我们经常引用两位“阿尔伯特”的名言。阿尔伯特·施韦泽（Albert Schweitzer）曾说过：“好榜样不是影响他人的主要因素，而是唯一因素。”阿尔伯特·爱因斯坦（Albert Einstein）说过：“示范并非另外一种教学方式，它是唯一的教学方式。”显然，树立榜样是流程改革的关键。当汤姆·珀维斯出席壳牌亚瑟港炼油厂关于流程绩效数据的日常管理会议时，他大声而明确地表示，这是一个重要问题。当领导者不再赞扬那些在关键时刻挽救失误的英雄行为，而是专注于改进造成这种行为的错误流程时，员工觉得自己有能力采取一些小措施来避免危机——把注意力转移到可能会变成大问题的小问题上。当 CEO 每周花两个小时亲自进行客户服务热线工作时，所有关于客户至上的话题都变得具体。你可以称之为表面现象，但是什么比现象更重要呢？企业所有员工的目光都投向了高级领导者，他们的行为给员工树立了榜样。

构建工作环境

神学中有句名言："像有信心一样行事，信心就会随之而来。"就我们的目标而言，它将是"像相信团队合作（或责任或任何其他基本价值观）一样工作，你就会相信团队合作"。弗吉尼亚大学杰出的社会心理学家蒂莫西·威尔逊（Timothy Wilson）对这一观点进行了更科学的解释："社会心理学经久不衰的话题之一是，行为的改变往往先于态度和感觉的改变。"换句话说，如果我们实施新的流程，迫使人们在团队中工作，他们就会开始相信团队合作的重要性。如果我们实施新的流程，迫使一线员工参与决策，员工就会开始承担个人责任。

改变管理体系

评价和奖励政策是旧体系的一部分，在新的体系中它们也不可或缺。但是，你必须提供评价流程和为员工提供差异化奖励的工具。管理体系必须明确地强调我们试图鼓励的价值观。在美国维益食品有限公司，销售和营销团队过去因年度销售目标完成率而获得奖励，而职能部门经理则根据公司的利润率和职能部门生产目标的完成情况获得奖金。现在，所有经理获得的奖金中有 80% 基于同样的指标——公司利润。另外的 20% 反映了他们各自参与的流程改进计划的结果。很难找到比这更直白的方式来强调"我们都在同一条船上，我们需要让这条船变得更好"。米其林现在正在明确评估经理与同事合作的程度，方法是对与经理有合作的其他企业的人进行询问和调查。

做出承诺

当一件事代价很低时，你很容易做出承诺；但是当代价巨大时，事情就会变得完全不同。20 世纪 90 年代中期，马修 · 桑顿健康保险公司（Matthew Thornton Health Plan，美国最早的健康管理组织之一，现在是 Anthem Blue Cross Blue Shield 的一部分）为改善客户服务付出了巨大努力。公司通过实施新的流程来让客户服务代表立即回答职能范围内的大部分问题，而不是让客户等待回电。新流程的设计、实施和启动都是大张旗鼓地进行的，但公司却在第一周遇到了一个重大问题。一位客户服务代表向客户保证，公司将为客户的一项昂贵的手术买单，但客户服务代表错了。当收到账单时，公司面临着艰难的选择。虽然客户服务代表向客户做出了支付的承诺，但按照公司与客户的合同，公司其实无须支付。然而，如果不支付，就是对"客户至上"的价值观和公司领导所拥护的流程纪律的讽刺。因此，公司顶住了压力，支付了账单，修正了流程，并重新培训了客户服务代表。这是否在短期内产生了高额费用？绝对是的。但在这起事件发生后的几个月里，我们在马修 · 桑顿健康保险公司里遇到的每个人都记住了客户服务代表的这个错误。在接下来的一年半时间里，公司规模扩大了一倍。对新价值体系的承诺使新流程得以运行，业务结果随之产生。

明确表达希望实现的价值观

这件事情似乎太过明显，不必单独列出，但许多管理者表现得好像这是他们重新调整公司价值体系所需要做的唯一一件事。鼓舞人心的演讲、公司价值观宣讲和宣传卡片本身并不能改变人们的信念，只会招致嘲讽和讥笑，因为这既体现了经理与企业真正的价值观的脱节，也暴露了他们天真地认为演讲就能缩短这个距离的想法。明确表达价值观只有作为其他领导者改革手段的补充，以及用以明确说明其他手段正在努力达成的目标时才有价值。另一个需要注意的事项是，宣讲时应避免使用大而空的词汇，努力用清晰而让人印象深刻的方式表达你的价值观。例如，在亚什兰石油公司，CEO 吉姆·奥布莱恩简洁地用“亚什兰优先”的说法表达了他的期望。员工需要将公司的整体需求放在其职能或业务单位所关注的事情之前。这清楚地表明了吉姆想要实现的目标，并说明了在流程、奖励和其他方面改变的意图。

这些是每个领导者都必须做到的事，需要结合实际通过自己的方式完成，以确保流程改革顺利进行。但也有很多细节在起作用，以下是其中一些细节。

- 像销售人员一样思考。你要像优秀的销售人员一样，不断地问自己公司里其他人需要什么，以及你能做些什么来满足他们的需求。
- 保持开放的心态。作为领导者，不要想当然地认为你的想法都是最优的。如果你表现出愿意倾听和征求他人意见的态度，你学到的会比想象中更多。
- 承担风险。不要因可能的失败而停止冒险的脚步。稳赚不赔也意味着收益有限。
- 共享荣誉。建立良好的口碑需要完成一些事情，就像流程改革需要大量的荣誉共享。记住哈里·杜鲁门（Harry Truman）关于荣誉的观点：“将荣誉的归属抛在脑后，你会获得巨大的成功。”

领导力与文化的注意事项

- 确保最高管理层充分了解执行流程中涉及的所有内容，以及企业将要进行的改革的重要性，这不是关于流程和企业架构图的纸上谈兵。

- 确保领导者能够将流程计划与业务目标联系起来，并鼓励和期待创新，容忍创新带来的错误。
- 让领导者做好准备，他们可能不得不做出一些艰难的人事决定。
- 鼓励每个敬业的领导者帮助招募其他领导者。
- 一定要让领导者明白，流程是一种经营企业的方式，而不仅是解决某些危机或问题的捷径。
- 敢于面对真实的企业文化，回顾过去大型项目的成功经验和失败教训，了解企业的优势和劣势。
- 了解企业改革的能力和欲望，这样你就不会因为改革流程太多、太快而让员工不堪重负。
- 要明白企业文化是领导力的副产品，如果领导力不发生改变，企业文化也不会改变。
- 不要把流程责任分配给不受企业同事和下属尊重的领导者。
- 不要指望一夜之间完成改革。
- 不要让友谊，包括同事之间的友谊，妨碍为公司的更大利益做出正确的决定。
- 不要设定过高或过低的目标，这会浪费流程设计的所有努力。
- 不要忽视除了最初的改革之外，还需要维持流程，使流程语言和文化制度化。
- 不要急躁。
- 不要忘记在流程中培训新人，招募有流程经验的领导者和流程负责人。

CHAPTER 6

第6章

企业治理和专业技能

保持流程的正确走向

到目前为止，你可能认为自己已经准备好进行流程改革了。你已经拥有了至少一个充满激情、知识渊博、敬业的领导者，而你的企业文化，即使暂时无法完全适应客户至上、责任、团队合作、纪律及改变的价值观，也已经走在适应的道路上了。看起来没有阻碍，一切似乎都将一帆风顺，对吧?

错了。换句话说，你走进了一片布满地雷的田野，四周都是机关枪的枪口，下面的9种处境包围着你。这些处境（涉及信息问题、一致性问题和专业技能问题）是现实中的企业曾遇到过的，它们会让你了解当真正实施流程改革时会发生什么。

信息问题

- 一个改革计划小组选择了某个软件供应商来支持其流程，而在另一个流程中的另一个小组选择了不同的软件供应商。这两个系统使用了不兼容的数据格式，这意味着两组人员无法流畅地交换基本的客户数据。
- 重新设计客户服务流程的团队决定取消客户服务代表的岗位，通过网络和语音自动答复实现客户自助服务。然而，重新设计销售流程的团队把更多的责任放在了客户服务代表的外呼营销上。换句话说，一个团队增加了被另一个团队取消的岗位。
- 一位 CEO 想知道他安排的改革工作进展如何，却找不到能够评估改革整体进度的人。单个的流程负责人可以报告自身的流程进度，但是没有人了解全局。

一致性问题

- 公司组建了几个流程设计团队，却发现公司里没有人对如何设计流程或者如何通过流程管理来实现结果有深入的了解。
- 订单履行流程的负责人要求销售和运营计划（sales and operations planning，S&OP）流程的负责人制订更详细的需求计划，以便订单履行工作能够更好地进行自己的产能规划。S&OP 流程负责人对此表示反对，因为他们没有看到让自己的流程承担更多的工作和成本可以使另一个流程提高绩效。

专业技能问题

- 两个流程设计团队都要求安排某个有才能的人来帮助实现流程。然而，根据物理定律，这个人在给定的时间只能出现在一个地方。
- 一个公司的流程负责人开发了一长串项目来改革流程。每一个项目都有成本效益，但所有项目加起来超过了公司的可用预算。争斗随之发生，因为每个流程负责人都坚持要求自己的项目获得资金。

- 流程设计团队开发了一种非常有效的新销售流程，但却碰壁了。销售团队和他们的经理都表示这一流程太过繁杂，会降低他们的工作效率，而且像对待操作工一样对待他们，而他们自认为是艺术家。
- 一家公司的流程设计和执行专家干得非常出色，引起了猎头的注意，没过多久，所有人都被挖走了，公司失去了进行下一轮改革的能力。

流程改革的成功与否，很大程度上取决于你对实现目标的投入程度。投入，而不仅是对流程有兴趣或参与改革。想想典型的培根鸡蛋早餐，鸡仅是“参与”，猪才是“投入”。正确运行的流程是一个由许多运动部件组成的复杂系统：设计团队处于不同的设计和实施阶段；改变考核标准的决策；倾听“客户之声”，并将其与业务需求进行平衡；为执行者获取新的技能、知识和技术投资；加强流程负责人的权力。

改变是其中共同的要素。它不仅指工作流程的改变，还包括企业文化的改变，企业文化变得更具团队意识、更加自主。执行者的日常行为也因所做的工作和考核、奖励、雇用、发展的方式变化而发生了巨大的变化。要想实现所有这些变化，每个人都必须投入不同的工作方式和企业经营模式。

正如我们在第 5 章讨论过的，领导力和文化是完成流程改革的基础。在结构性方面，我们需要另外两个关键因素来推动流程向前发展：企业治理和专业技能。你的企业必须能够接受并维持所有必要的变化，以通过知识和一致性来让流程运行起来，并且它必须使每个级别的人员都拥有足够的流程专业知识，以确保概念被正确理解和应用。本章将说明如何让企业做好实施流程的准备。

上面描述的处境都很常见，但并不是小问题。至少，从可能会显著增加成本并延迟项目收益这方面来看，它们是严重的问题。甚至在最坏的情况下，它们可以彻底破坏整个流程改革。它们可以分为以下三种不同却互相关联的问题，你需要找到解决或避免这些问题的方法。

当多个团队在不同的项目中工作但没有人对正在进行的所有事情有全面了解时，就会出现第一种问题——信息问题。比如，一组人无意中践踏另一组人的工作成果，或者两组人做出的决定均有益于自身但损害集体利益，以及没有一种将工作作为整体来管理、而非只管理单个项目的机制。

第二种是一致性问题。在这种情况下，不同的团队实际上可能知道其他团队在做什么，但他们不以为意，因为他们认为自己在竞争资源、注意力、优先级等。

第三种是专业技能问题。流程改革不适合业余爱好者或 3 分钟热度的人。无论现在还是将来，你都需要有人能处理好实施改革所带来的各种问题。

这三种问题的解决方案虽然各不相同，但却相互关联，因为它们都是企业治理和专业技能方面的核心问题。企业治理与自身结构相关——谁应该完成什么工作，为了完成工作，需要什么权限。因此，我们描述了管理流程组织中的每个关键角色的职责，这些关键角色包括首席流程官（chief process officer，CPO）、流程项目办公室（process program office，PPO）、流程委员会（process council）和专家。

催化剂

虽然没有人拥有正式的“催化剂”的头衔，但你很可能知道这种类型的人，即主动出击的人。对我们来说，催化剂员工是指看到流程的力量和潜力，即重新设计工作完成的方式能让企业发展得更好，因而找到机会来推动流程改革的人，无论是通过跟某些领导者沟通，吸引其注意力，还是只是从一些小工作的改革开始，取得一定成果，然后向领导者汇报。

他们往往是企业中的无名英雄，这些人从结果中获得的满足感超过了获得荣誉带来的满足感。他们通常处于相当高的级别，或者至少对高级领导者有一定的影响力。他们也有商业头脑，对企业有深刻的理解和忠诚度，并且与各级管理层建立了良好的关系。他们第一步会物色企业中正确的领导者和有影响力的人，让他们了解并最终参与流程改革。通过站在领导者的角度看问题，理解领导者的目标和难点，催化剂员工能够向领导者展示流程如何帮助企业实现商业目标。比如壳牌公司的汤姆·珀维斯就是催化剂员工，他为领导者提供了理解流程所必需的信息，帮助他们理解不同的员工群体对流程的不同反应，并从本质上引导领导者，让领导者成为流程管理的有效榜样。他们还与领导者合作，邀请和吸引其他受人尊敬的、有影响力的领导者参与流程改革。

那么，当领导者参与进来时，催化剂员工会发生什么变化呢？他们通常会成为首席流程官，这是我们马上要讨论的话题。

首席流程官

首席流程官是企业进行流程改革的关键人物，是该领域领导者的左膀右臂。领导者有激情、有权威、有远见，但必须有人把这些转化为行动，这个人就是CPO，是流程改革的总参谋长。CPO通过流程项目办公室管理工作，确保流程改革的完整性和进度。当然，CPO也有其他的职责，比如在整个企业范围内推广流程项目和概念。

在第5章中，我们提到了吉姆，亚什兰的CEO，公司改革计划的领导者。现在让我们来认识一下瑞克·穆斯克（Rick Music），他退休之前是亚什兰的CPO。拿到化学学位后，瑞克于1973年加入亚什兰，并最终成为胜牌公司的首席财务官（CFO），当时吉姆是该部门的总裁。当吉姆开始在胜牌公司推动流程改革时，他让瑞克协助改革工作。当吉姆成为CEO以后，瑞克依旧追随着他。瑞克退休时的头衔是企业优化副总裁，也是亚什兰公司高级管理团队的一员。

流程项目办公室向瑞克汇报，但那只是他职责的一部分。用瑞克的话来说，他的职责之一是“教导、指导、训诫甚至唠叨，让公司的高级管理人员理解和接受新的亚什兰”。瑞克的注意力从未离开过流程改革。他与其他高管建立联系，帮助他们深入理解流程，并帮助吉姆决定让谁参与到流程当中。

最初设立CPO岗位时，其岗位职责主要局限于管理流程项目办公室以及帮助领导者宣传、推广流程思想。但现在CPO身兼数职，反映了流程在整个公司运营中的各类角色。以瑞克为例，他还负责管理亚什兰的IT部门，这很重要。IT部门本身不贡献业绩，但却能促进、提升企业业绩。在专注于通过流程改革来提高业绩的企业中，应该将IT部门部署到流程的支持工作中。因此，让IT团队向负责流程改革的主管汇报工作，而不是像通常那样向CFO报告会更有益。

然而，管理IT部门并不是CPO负责的全部工作。利乐公司的CPO安德斯·韦斯特（Anders Wester）也负责公司的考核体系和战略规划，这是一个合理的组合。战略规划如果无法被实际执行，那么只是纸上谈兵，而流程可以将其落实；同时，只有在战略规划支持的情况下，流程改革才能发挥作用。我们已经了解到，考核指标是流程工作的一个重要组成部分，流程考核指标需要与企业 KPI 相关联并据此制定。

听到“CPO”的头衔，有些人会认为流程负责人要向 CPO 报告。不，并不是。CPO 是一个员工角色，为领导提供建议、支持流程负责人、协调设计团队的工作，并监督整个项目。为了发挥作用，CPO 应该与流程负责人地位对等，这样负责人才会尊重和信任他。但若将流程负责人安排为 CPO 的下属，会使流程负责人在企业中处于非常低的位置。记住，流程负责人需要有权力和影响力，这意味着他们的职位等级必须非常高。流程负责人需要向 CPO 汇报是老式企业思维的残余，在这种思维模式下，完成工作的唯一方法就是逼迫下属。CPO 是在没有很大权力的情况下施加影响力的高管的典型例子。但这并非不可能。即使没有权力，影响力也能起到指挥作用。

发挥指挥作用需要正确的人。一个成功的 CPO 能与整个企业的关键员工建立联系，努力使他们看到流程不是私人议程，而是可以带给他们实际帮助的工具。CPO 至少算半个销售人员，负责推动改革议程并招募管理者。这需要有说服力、业务知识、耐心以及对流程的深入了解。他需要让员工清楚地认识到自己的个人利益，帮助他们看到妥协将有利于自身利益。另外，尽管在官方的工作描述中很少提到这一点，但要将工作做好，CPO 需要钢铁般的意志和大量的领导经验。

准将塔克·吉尔伯特三世（Brigadier General S. Taco Gilbert Ⅲ）就是我们提到理想的 CPO 时想到的那种人。塔克光荣毕业于美国空军学院（Air Force Academy）的工程学专业，曾在中国和哈佛大学学习，是国家安全战略方面的专家。他曾驾驶大型空军加油机和货机，也率领过燃料补给中队和空投侧翼队。他身高近 2 米，拥有马拉松运动员的身体质量指数。更厉害的是，他风趣、迷人，不以自我为中心，完美满足 CPO 所需的一切特质，因此他成了美国“空军 21 世纪精明作业计划”（AFSO21[⊖]）办公室的首任主任。

虽然空军不存在商业意义上的竞争，但领导人已经认识到，21 世纪的世界与 20 世纪 40 年代空军诞生时的世界并不相同。从不对称战争到反恐怖主义，再到维和行动，新的挑战已经出现。再加上美国国会的预算压力、老化的飞机机队和更高的航空燃油价格，空军领导层决定，空军必须进行自我改造，并委派塔克·吉尔伯特负责。

说起来容易做起来难。塔克不得不面对一个成功但高度割裂的组织，强大的四星上将保护着他们的地盘（别忘了，他们有飞机和导弹），加上过去曾经历过的全面质量管理（TQM）的失败，这情形实在算不上有利。作为一星上将，塔克也不能命令四星上将做任何事情。但是，他必须说服他们，他的说服策略包括 3 个部分。

- 积极主动地对空军各高级领导干部进行早期干预——不仅是四星上将，还包括三星上将和二星上将，他们是真正做事的人。塔克组织了为期两天的流程改革研讨会，阐明流程相关概念，帮助将军了解流程在空军中的作用，并解答他们的疑问。
- 安排各种层级的广泛的教育项目，从“如何成为流程负责人”到“基地或中队指挥官需要了解的流程”以及“流程如何影响飞行员个体”。
- 利用早期的成功。其实在 AFSO21 计划正式启动之前，空军就已

⊖ 美国空军偏爱缩写词，AFSO21 即 Air Force Smart Operations for the 21st Century。

经进行过各种各样的实验和小规模的端到端流程改革实践。塔克对其进行强调和宣传，以证明流程理念在实践中行之有效。为了获得持续稳定的成果，保持人员投入度和平息质疑，塔克还开展了许多能快速见效的项目。

塔克很聪明，他意识到流程改革在他作为CPO的任期内不可能完全完成，因此他必须打好基础。他努力改变空军的想法，在他的AFSO21办公室中组建了一批流程专家骨干，并积蓄了足够的动力，使这项工作能够独立开展。他也确实做到了这一点。空军成功实施了几十个流程改革项目。流程不再是特别的程序，而是开展工作的标准，AFSO21继续采用这一方式，甚至在塔克转岗之后也未停止。

CPO可以通过说服和教育完成很多事情，但并不是流程改革面临的问题都能用这种方法解决。例如，IT小组和流程设计小组之间存在不一致的问题。因为各个流程设计小组缺乏关于彼此工作内容的信息，导致各小组做出的选择不一致和不兼容。这些问题可以通过确保团队知道彼此的工作内容，并进行一定的调解来解决。这是正是流程项目办公室的工作内容，也是我们的下一个话题。

流程项目办公室

流程项目办公室是一家公司进行流程改革的神经中枢，由我们称为流程顾问的人员组成，他们可以为流程改革带来专业知识和独立性。但PPO不仅是一群独立顾问的集合。作为一个整体，他们关心的是流程之间的关系和相互联系。例如，在亚什兰公司，客户获取（销售）流程和“订单—现金”流程是相互交叉的。公司正遭遇客户对账单准确性的投诉，而每个流程都将问题归咎于其他流程。事实上，问题在于流程之间的鸿沟，因为职能边界没有被整合。客户服务代表（在“订单—现金”的工作中负责账单）声称无法通过任何有组织的方式了解销售代表在获取订单时与客户协商好的特殊条款。

在这两个流程中，没有员工具有认识到这一点所需的眼界。处理这个问题的两名 PPO 成员对这两个流程都足够了解，并且独立于流程之外，能确定问题的真正本质。只有认识到这一点，这两个流程才能修改各自的设计，以确保关键信息能突破两个部门的边界。销售人员乐于为每一位客户量身定制支付条款，以此作为提高客户满意度的一种方式，然而他们没有意识到，付款条件的激增使“订单—现金”流程变得更加复杂，增加了出错的可能性，从而造成客户不满。PPO 的成员充当连接这两个流程的桥梁，让客户获取流程的员工了解他们的决定对“订单—现金”流程及对客户的影响。

关注端到端流程可以帮助员工超越他们狭隘的职能环境，认识到自身的工作对参与相关流程的其他员工的影响。

当一个流程的工作影响到另一个流程的步骤、设计及技术平台时，PPO 就需要发挥整合者的作用。有时 PPO 的成员会发现工作中的重叠和冲突，并提请相关流程负责人及其团队注意。然而，PPO 通常应该做的是促进两个流程之间的互动和沟通，这样问题从一开始就不会出现。即使出现了，也会被直接相关的员工发现和解决。

在某些领域，PPO 需要超越顾问和整合者的角色，变为标准的来源和执行者。在流程设计中，每个小组都要发挥自己的创造力和想象力。然而，创造力不应该被扩展到它们所使用的技术和方法上。让每个设计团队发明或选择自己的方法绝对是浪费。最好是让 PPO 投入精力和资金，为公司整体选择或开发一套方法论，让每个设计团队都使用。

例如，在一家打算使用六西格玛管理工具的公司中，每个业务部门都可以自由选择自己的供应商。不幸的是，不同供应商的课程差异极大，不一致的结果和应用给公司造成了巨大的挫败，于是公司让 PPO 负责方法论。PPO 员工还要成为公司系列正式流程和子流程的负责人，负责流程的定义、输入、输出以及流程之间的关联和联系。如果没有这样的监督机制，公司的流程可能会出现各种不一致，员工按照各自的方法行事，缺乏统一的标准。

同样，PPO 也应该负责沟通项目，这个项目旨在向公司内部员工通报流程改革项目的开始及进展情况。仅仅协调是不够的。不同的小组可能使用不同的术语，传达矛盾的信息，在同一时间发布信息，从而导致巨大的混乱。让 PPO 来处理这些沟通项目才是明智的选择，才能确保不同小组通过统一的表达用语、一致的主题和协调好的日程安排共同完成工作。对流程团队来说，让每个流程团队各自开发自身内部通信所需的专业技术是低效的。不如由 PPO 完成这件事，让 PPO 成为所有流程工作的代表。

最后，PPO 还需要成为改革工作的项目管理者，整体监督所有改革项目。每个项目都是一组有重点的活动，有一定的时间规划，产生特定的结果。一个项目可能是为“订单—现金”流程开发新设计，另一个项目是开发信息系统来支持客户服务流程，还有一个项目是解决产品开发过程中出现的执行问题。每个流程负责人监督自身单个流程相关的项目，而 PPO 跨越所有流程的边界，监督所有流程，其职责包括：

- 掌握工作计划和时间进度。PPO 保证所有项目按整体计划进行，以便跟踪整个项目群的进度，并确定各个项目之间的进度关系。

- 监控进展。PPO 跟踪所有项目的绩效表现，评价项目结果，并识别按时完成和未按时完成的项目。PPO 尤其需要注意一个项目的进度变化对其他项目的影响。
- 质量保证和审查。PPO 确保了项目按照正确的方式进行，并且它们确实已经实现了汇报的结果。在项目不太可能实现其既定目标的情况下，PPO 还需要提议终止特定的项目。这是一个特别重要的职责。许多企业的常态是，项目一旦开始，即使注定要失败，也必须持续进行下去，导致项目处于“不死”的僵尸状态。
- 资源管理。PPO 是不同项目所需资源的配置中心，确保当项目需要时关键资源可用，并在项目之间重新平衡资源。
- 预算。PPO 维护改革工作的总预算以及整个人力资源库。
- 汲取经验教训。PPO 也是各个项目团队的经验汇聚的地方，单个团队不必重蹈其他团队的覆辙。

华盛顿特区和华尔街流传着一句话：“想要朋友的话，养条狗吧。”我们的版本是：“想要朋友的话，千万别加入 PPO。”PPO 不太可能受从事实际改革工作的项目团队欢迎。“流程警察”是我们听说过的比较礼貌的称呼了。项目团队讨厌被 PPO 监管——没有人喜欢被别人在背后监视，并将其视为公司的浪费和官僚作风而选择忽略。有的项目组甚至会在进度上对 PPO 进行误导，这种情况实在令人震惊。以下是避免这些陷阱以及拥有成功 PPO 的 3 个关键。

- 团队必须尽量小。团队越大，PPO 受到的怨恨就越多，就越容易被针对。记住，改革的目标是改变文化，让企业中的每个人都理解流程思想。如果 PPO 团队过于庞大，所有流程工作都将被认为是部门或职能员工的责任，很快 PPO 就会被视为公司的浪费。

- 保持亲和力。好的 PPO 在与团队交流时，会使用非正式的沟通形式而不是正式的文档，给项目团队带来的负担越少越好。它还以指导、支持和帮助解决问题的形式为项目团队创造价值，以换取自己所需的信息。
- 选对成员。PPO 不是初级分析师的训练场，它需要由特定的人员组成，这些人经验丰富，具有商业敏锐性和专业的流程思想，这样才能受到项目团队的敬重。PPO 成员尤其需要出色的沟通技巧，在这里主要指倾听、促进和达成共识（而不是发表演讲）的技巧。因此，只有同时具有工程师头脑和外交官风格的能力很强的员工才能胜任 PPO 工作。

流程委员会

有时会遇到 CPO 和 PPO 都无法解决的问题。比如两个流程在争夺有限的资源，如一名有才能的员工，或者一个流程需要另一个流程做出不一定符合后者利益的更改，那么仅仅共享信息远远不够。在这种情况下，每个流程团队都会以自身利益为中心，努力优化自己的流程，而不会考虑其他流程，不会考虑自己的选择对其他流程的影响。

CPO 无论多么有说服力，都不太可能在处理这些典型的一输一赢问题上取得多大进展。如果你的团队得到了能干的员工，那么我就得不到了；如果你按照我的要求对流程进行大幅度改动，那么我的流程绩效将得到改善，但你的流程绩效并不会改善。对于这种特定的问题，我们需要一个不同的解决方案，也就是设立流程委员会。

流程委员会的目标是处理好整个企业的需求和关注事项，而不是单个流程的需求和关注事项。没有其他员工能处理好这件事——流程负责人的关注范围很窄，而CPO没有权限。流程委员会解决“公地悲剧”，即每个人都关注自身利益，但没有人关心集体利益的情况。

我们从上文提到过的两个问题开始，即一个特定的员工应该如何分配，以及一个流程是否应该做出改动以帮助另一个流程。我们应该将公司作为一个统一整体来思考怎样的安排才是最佳，而不是仅仅最适合其中某个流程。该员工在哪个团队中可以对整个公司的绩效做出最大的贡献？改进一个流程产生的收益是否超过另一个流程必须承担的成本？虽然这将不可避免地导致输家和赢家，但不要将类似问题定位为两个流程之间的冲突，而是需要把它们视为怎样才能对整个公司最有利的问题。期待每个流程负责人都具有如此的大局观并愿意为整个企业牺牲个体利益是不现实的。

流程委员会形式和规模多样，但其成员通常包括流程负责人、关键业务单元领导和职能部门领导。委员会主席是总领导，委员会秘书是首席流程官。流程委员会是改革计划的最终决策机构，决定预算、优先权和战略，并为出现的冲突和问题提供最终仲裁。在流程委员会会议上，两个争夺同一员工的流程负责人将陈述他们各自的需求，委员会以对公司最有利的方式做出决定（见图6-1）。但是，我们如何确保“以大局为重”的高尚思想得到真正的遵守，并确保流程委员会的会议不会沦为抢夺大战？这就是总领导的职责所在。委员会总领导的职责是，代表企业提醒每个员工改革计划的远景和目标，并为对企业交付的而非由单个流程交付的结果感兴趣的客户发声。简而言之，总领导需要把流程委员会变成一个团队，这并不像听起来的那么容易。一般来说，在团队合作不涉及自己的时候，高管都愿意支持团队合作。将企业置于个人之上，是对多数高管价值体系的根本性重塑。这就是为什么我们在第 5 章谈到的文化重组如此重要。流程委员会既是一个能否有效运作取决于价值观是否发生转变的系统，也是实现这一转变的机制。通过强制流程负责人和其他委员会成员组成团队一起工作，以及迫使他们将公司作为整体来进行思考和做出决定，总领导可以重塑员工的风格，剔除不能遵守规定的员工，让留下来的员工逐渐适应新的管理模式和决策方式。

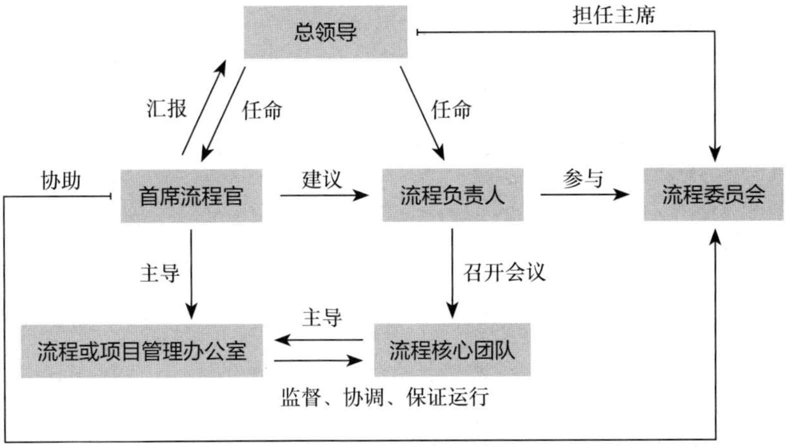

图 6-1　治理结构

改变奖励政策是促进员工观念转变的一种重要工具。如果流程负责人的奖励仅仅基于流程的绩效表现，那么让流程负责人以牺牲流程利益为代价来做最符合公司利益的事情，可能会让人觉得是一种精心设计的自杀形式。让流程负责人保持对流程的责任感是让他们集中注意力的有效方法，但是我们不想让他们的眼光过于狭隘，我们需要将他们的部分奖励与整个企业的绩效以及整个流程改革项目的进展联系起来，以平衡对流程和对企业的关注。这是否造成了某种程度上的优先权争夺行为，从而引发了内部冲突？答对了，这就是现实，也是治理结构如此关键的原因。

如果总领导已经组织好了流程委员会团队，让他们团结起来，做对整个公司最有利的事情，那么总领导在流程委员会的实际存在可能就不那么重要了。以亚什兰为例，瑞克·穆斯克作为吉姆·奥布莱恩的代理人主持了流程委员会，并与关键流程的负责人一起，从公司利益出发做出了许多艰难的决定。并非所有决策都会造成流程负责人之间的冲突，但它们最终都与流程相关。例如，公司的某个部门想要购买一个软件模块，用于支持一项为该部门的特殊需要量身定制的流程，但如果流程委员会不批准，这一流程就无法实施（瑞克掌握了 IT 部门的控制权，所以在 IT 方面，流程委员会的决策更容易执行）。软件模块虽然给部门带来了利益，但也增加了维修费用，流程委员会必须权衡二者，并考虑它会对部门流程工作带来的变化。最终，流程委员会决定反对，部门不得不服从。

了解流程委员会和流程项目办公室之间的相互关系很重要。简单来说，PPO 是支持流程委员会工作的员工团体。流程委员会制定政策和战略，流程项目办公室则管理政策和战略的执行。流程项目办公室跟踪项目组合中的单个项目进度，但没有权力、地位或立场决定项目实施的优先顺序，那是委员会的工作。流程委员会需要将领导者的改革愿景及公司的关键战略业务需求转化为公司的整体改革战略：针对哪条流程，以什么目标、优先级，通过什么项目来进行，使用什么资源。流程项目办公室有责任确保这一战略得到有效实施，并向委员会汇报进展和问题。

从整体上来说，“做对公司来说最有利的事”是一个伟大的口号和目标，但是流程委员会如何对此做出评估？流程委员会会制定正式的结构机制（或者说流程）来评价提出的项目，这是明智的做法。

我们还是以亚什兰为例。瑞克·穆斯克和他的流程委员会根据 6 个标准对每个项目进行评估，按照最低 1 分到最高 9 分的标准给每个项目打分。

- 客户满意度：项目交付的结果对客户产生实质性影响的程度。
- 战略一致性：项目对公司整体绩效目标的影响程度。
- 收益：项目将带来的净财务收益的规模，无论是收入增长、直接成本降低，还是营运资本降低。
- 合规性：项目是否需要支持法规或法律要求，能即刻见效，还是效果待现。
- 实施的复杂性：项目周期、所需资源的规模、需投入项目的员工人数。
- 可转移性：项目对公司其他流程或板块的适用性。

每个标准都被赋予了相应的权重，所有分数加权求和就是项目的总得分。虽然许多个人评估难免主观，但这种方法至少为项目讨论提供了一个有组织的框架。它还为流程委员会提供了决定项目是否开展的基本理论依据，在向失望的流程负责人解释项目落选原因时尤其有用。

流程委员会是最终项目流程的整合处，是解决其他部门无法解决的最棘手和最困难问题的地方。其职责包括：

- 制定整体改革战略。
- 设置流程边界和范围。
- 确定优先级。
- 分配稀缺资源。
- 解决流程负责人和其他高级管理人员之间的冲突。
- 资助改进项目和行动。
- 推进正在进行的流程教育工作。

- 评估每个流程的进度和成熟度。
- 确保将项目和计划的多样性结合起来，以实现企业的目标。

流程委员会对改革计划的成功负责，其成员必须行使权力以实现这一目标并执行委员会的决定。

需要强调的是，我们给出的仅是一个框架，而不是项目进行的详细蓝图。为了确保流程不崩溃，流程改革项目还必须处理好以下基本问题：安排人员支持流程负责人及其团队，确保项目群整体和单个项目均正常运转，安排人员管理整个项目组合，在高级管理层中安排流程总领导和项目群的代表，需要找出方法设置优先级、管理工作接口和解决涉及流程和流程负责人的冲突。为了满足这些需求，我们概述了 CPO、PPO 和流程委员会的机制，而如何让这些机制在企业中发挥作用，则取决于你自己。

专业技能

在缺乏专业技能的情况下，没有任何企业能成功完成流程改革。改革开始时规模很小，始于第一个流程负责人和第一个重新设计团队。他们会犯错误，这似乎很耗时，有时甚至做无用功。但是流程负责人和重新设计团队一直在学习。他们的经验将成为其他从事类似工作的团队的基础，他们会弄清什么有效、什么无效，他们不仅学习如何重新设计流程，还学习如何说服他人相信流程的力量。并不是每个在流程中工作的员工都能或将成为专家。许多员工参与流程重新设计后，又回到了以前的工作岗位。他们或许可以理解流程思想，但无法成为专家。成为专家的员工都很特别。他们不会甘心被禁锢在一个地方，简历中充满了工作、职位和公司的变化。他们讨厌循规蹈矩，总是在寻找机会去做一些新奇有趣的事情。这也正是流程的美妙之处。它将为这样的员工提供持续一生的新体验和学习机会。员工对此的典型评价是："这是我做过的最棒的工作，工作内容不是一成不变的，我每天都能学到新知识，对公司也有了更深入的了解。"

让我们先看看成为流程专家所需的一些特质，然后我们将探索在哪里才能找到他们。

专家的特质

创造力

这可能是流程专家最基本的特质，但也是公司里最稀缺的。许多公司声称它们的目标之一是培养创造力，但是当你追问具体如何实现时，它们的答案通常相当蹩脚。它们混淆了创新、创造力和创业技能与适应不断变化的环境或生产定制产品的能力。诚然，后者是很重要的技能，但并不是创新或创造。即使公司确实有一些有创造力的员工，通常也会发生以下两种情况中的一种。第一种情况是，一个想出了好点子的员工需要去寻求财务拨款支持，而财务会坚持做成本效益分析和投资回报分析。如果员工在开展项目之前不能提供财务所要求的数据，那么这个项目就只能胎死腹中。一种极端情况是，公司鼓励创造力，但没有制定相关规则。人们疯狂地制造复杂的程序和流程，然后不断地改变。项目不具有可重复性，流程也不稳定。第二种情况是，公司认为创造力应该只应用于产品或服务，而与如何工作无关。然而，工作流程的改革恰恰需要创造性人才。

遗憾的是，大多数使用传统流程的公司都在从各个方面扼杀创造力。人们通过按照别人教他们的方式获得晋升，于是他们也坚持让下属这么做。这就是员工反复提起的："这是我们一直以来的工作方式。"即使公司努力雇用有创造力的员工，大多数真正有创造力的人也很快就会灰心丧气，转而另谋高就。他们也许会自己创业，或者加入更小、更灵活的公司。

推动改革的能力

我们知道，转向流程工作会给企业带来巨大的变化。事实上，几乎可以肯定，除了合并、收购或破产之外，没有任何其他的改革举措能对一个企业产生如此大的影响。一位高管将其比作人生中最重要的一件事："上一次发生如此巨大、如此迅速的变化是在我结婚的时候！"几乎每个想要在这种动荡环境中茁壮成长的员工都必须能够应对变化。但真正的专家必须超越这一层面，更进一步，做到推动改革。他们不仅要成为流程的传播者，而且还必须能够证明流程是一种更好的方式，以及为什么流程值得公司努力去实现。

公司可能很难找到改革的推动者，因为推动改革的技巧不仅与技术有关，还与心理有关。大多数人拒绝改变，因为他们惧怕未知。他们的担心中，10% 是合乎逻辑的：改革可能确实会带来一个新环境，他们自身的技能将不再像过去那样与环境契合。他们的恐惧主要是情绪上的，改革推动者可以做很多事情来缓解员工的焦虑，比如解释改革发生的原因、改革将如何发生以及改革将会带来的好处。改革推动者必须给员工一个理由，让他们相信改革是有益的。这通常意味着改革推动者需要勾勒出改革成功后的美好愿景，吸引广大的员工群体。当公司阐述和呈现这个愿景时，简单明了最好，复杂是清晰的敌人。比如一家公司只是简单地告诉员工："我们想成为客户的选择。"

推动改革的能力对每个参与流程重新设计的员工来说都是一项重要的技能，从单个团队成员到流程负责人、领导者，甚至是公司的高管。他们必须能够宣讲流程重新设计的全部内容，而且宣讲必须频繁且形式多样。例如，设计团队可以在不同的部门定期举行“午餐学习会”来解释他们在做的事，或者可以邀请其他员工参加他们的团队会议。如果不广泛传达设计团队的工作内容，随着流程重新设计工作的进行，公司内会产生无数流言蜚语——“有一屋子的人，他们正在计划如何解雇我们！”，这完全可以理解。

处理复杂问题的能力

正如我们经常看到的，流程改革中有许多动态成分，看起来相当复杂。随着流程改革工作向前推进，设计团队将需要同时设计新流程、实现已完成的设计并维持较早创建的流程。更糟糕的是，改革是一项长期的、持续性的工作，因为随着企业的成熟以及市场和竞争的变化，你需要一次又一次地重新设计流程。每个级别的流程专家都必须能够在不同的时间范围内和多个职能部门之间平衡多个需求。他们不能自乱阵脚，必须迅速做出反应，不仅要把握好今天要做的工作，还要把握好一年后要做的工作。

我们一直建议将设计团队的岗位设为全职，尽管我们知道并不是每个公司都能在 6 个月内或更长的时间里把最好和最聪明的员工从现有的工作中抽调出来。但不论如何，设计团队的成员都会遇到流程重新设计工作和日常工作之间的矛盾。设计小组的全职成员将与他们以前的团队保持联系，了解工作情况的变化以及谁将获得晋升。当流程设计遇到困难时——毫无疑问，肯定会很困难——即使是最热情的员工也会倾向于回归到舒适和擅长的领域。兼职团队将会面临更艰难的过程，特别是从团队正在重新设计的流程中抽取的成员。想想他们的处境：上午还在流程中工作，但在下午他们却试图摧毁它！

当然，每一个设计团队、流程负责人和领导者都希望看到团队做出完美的设计，但这永远不可能发生。专家必须面对现实，而现实有很多种形式。没有一家公司的员工拥有完美的技能，没有一家公司拥有完美的技术，也没有一家公司的部门之间完全协调，预算不可能无限，时间也总是有限。设计团队必须妥善处理公司拥有的所有技能和技术，保持花费在预算之内，以及迅速取得早期的成功，在新流程中建立信心。公司的内部斗争也会影响流程设计，比如地盘之争或不得不放弃钟爱的却不适合进行流程改革的项目。在克服内部政治斗争方面，流程负责人和领导者将扮演重要角色。

找到你的专家

显然，外行人无法成为流程专家。当你思考流程专家所需的能力时，你的脑海中可能会浮现出可以填补这个空缺的员工，而且你可能用一只手就能数完。的确，在大多数企业中这种员工都很少见。这就是为什么企业通常会更倾向于雇用外部顾问来处理流程改革。不要屈服于外部顾问的诱惑！在某些流程的实施层面上，顾问可能会有帮助，但整个流程改革的意义在于从根本上永久性地改变企业文化。如果专业知识在企业和文化中无法制度化，那么你的公司就会对咨询公司产生依赖，当你厌倦了支付顾问费用时，也就是流程改革计划宣告失败的时刻。

你必须自己有创造性，才能找到合适的员工。拥有正确的态度和资质、正确的认知风格和气质的集合体才能成为流程专家。首先，仔细研究你的企业文化，找出真正能激发创造力的地方，或许是市场营销、研发、产品设计，甚至可能是工程部。你很可能会找到一个或多个创造力的温床，但不要指望能立刻找到合适的人选。你需要让拥有创造力的员工随着时间的推移自行显露出来。当员工认识到创新是流程工作的一部分时，他们可能会自愿参与进来，这往往正是你想要的那种人。回想20世纪60年代，还没有IT部门，拥有计算机科学学位的人也很少。然而，随着计算机在商业和工业领域的迅速普及，“电子设备爱好者”开始崭露头角。在企业的各个部门中，你都能找到那些被复杂的程序设计吸引、痴迷于掌握新硬件和软件的员工。他们是第一批“极客”，是新成立的IT部门的第一批员工。

在哪里寻找初出茅庐的专家需要想象力。一家大型公司开始了寻找流程专家的旅程，在对自己的公司文化做了深入评估后，高级领导者沮丧地意识到，公司实际上一直在阻碍新想法、新思想和改变的产生，因此，公司根本没有具有成为流程专家潜质的人员。评估的部分内容包括回顾离职员工的离职面谈。员工离开的主要原因之一是公司对创造力和新想法的抑制。当公司联系其中一些人，询问他们为什么离开时，发现如果能让这些前员工通过以不同的方式做事而获得成就，那么他们就会很渴望回去工作。完美！回归的人员被安排到流程角色中，在那里他们不仅能充实自己，而且也极大地提升了公司的业绩表现。而且，一如既往的是，随着时间的推移，流程逐渐显露出了自身优势和创新性质，对推动改革感兴趣的员工也开始涌现并主动加入团队。

你需要的专家数量很大程度上取决于你的企业文化、企业接受改革的能力、你为流程设定的目标以及实现目标的紧迫性。正如我们在第一章中提到的，我们通常建议设计团队本身包含7名成员，根据企业的规模大小，可以加减2名成员。这是核心团队，是专注于重新设计流程的员工。其中 2/3 的成员应直接来自会受正在重新设计的流程影响的各部门，剩下的成员应是能够带来新观点的外部人员。

流程外人员由人力资源、信息技术、金融、法律和战略等领域的专家组成。不要羞于邀请客户和供应商来担任顾问。毕竟，当你改革流程时，将会对他们的流程产生影响，而关于什么对客户更有效，谁能比客户自己更了解自己呢?

让专家尽快上手

一旦找到了潜在的专家，或者至少找到了寻找专家的方法，你需要怎么做才能确保他们在新的岗位上高效工作?

第一步是开始培训他们学习复杂的流程艺术。一个稳健的培训计划不仅包括基本的技术——流程、设计和持续改进，也包括其他更广泛的技能，涵盖了项目和计划管理、业务知识、改革管理、谈判、沟通、根本原因分析和表达技巧。公司应该着重培训咨询技巧，因为他们将成为组织的内部顾问。当然，这就引出了一个逻辑问题——由谁来进行教学。这就需要发挥你的想象力。大公司会设立内部培训部门，以便开发必要的课程。公司可以邀请一些外部专家担任讲师，比如来自流程工作的先驱哈默管理咨询和教育公司的专家。培训形式可以很简单，比如让团队成员从阅读相关书籍或文章开始，你手里的这本书和《企业再造》都是不错的选择。当我们雇用曾在阿富汗服役的西点军校毕业生明迪·伍尔夫（Mindy Woolf）时，我们很高兴地发现，美国陆军使用的职介公司为即将转行从商的军官指定了《企业再造》这本书作为必读书目。

记住，你必须有领导能力和基础建设来支持一个高要求、高压力的环境。有了合适的支持，专家团队才能茁壮成长。如果没有合适的支持，公司会很快将这些敬业的人的热情燃烧殆尽。

给予专家支持的第一个也是最重要的一个工作是让他们知道当重新设计工作完成，新流程启动并运行时，你将如何安排他们。正如美国国家航空航天局的工程师在每架航天飞机发射前就已经有了非常详尽的重返地球的计划，你必须为专家制订重回工作岗位的计划。记住，你是在为你的设计工作寻找杰出员工中的佼佼者，而不是公司不知如何处理的员工。你其实是在要求这些员工远离一个他们已经非常成功并且备受敬重的地方，投入乍看之下毫无把握的事业。他们有什么理由那样做？

答案的第一部分是，他们会迎来新的挑战，这将带来新鲜感和心智上的满足。答案的第二部分是他们承担的风险很小，因为你可以事先告诉他们，在完成重新设计之后会如何安排他们。除此之外，你应该给予他们一些诱惑。至少不要让参与重新设计工作的员工遭受经济损失，如果你聪明，象征性的加薪会刺激他们的胃口。他们还能学习到新的技能，接触到公司的许多部门，这些部门可能代表着未来的诱人机遇。假设你想吸引一个在供应链流程中一直从事材料工作的后起之秀。“加入团队，”你可以说，“你不仅需要完成材料方面的工作，还要做库存和采购管理。完成重新设计工作以后，你将成为所有这些领域的专家。加入团队之前，你的下一个理想的晋升目标是材料主管。但完成重新设计后，你可以很容易地成为供应链其他方面的主管，甚至成为供应链的职能经理或流程负责人。”

第二个给予专家支持的关键工作是设计团队在进行重新设计之前需要分析现有流程。他们需要与现有流程中的员工密切合作，在此过程中不可避免地会发现破坏者。与破坏者打交道不是他们的工作。破坏者和设计团队成员之间的任何冲突都会引发谣言，并引发其他员工对即将到来的改革的恐惧。团队成员需要明白，遇到想要破坏流程工作的人员时，有权威的领导会介入并解决问题。

当重新设计遇到问题时，第三个支持工作将发挥作用。新流程在模拟或试点阶段很可能会遇到问题，尽管专家已经多次被警告说，设计不可能完美，总会遇到问题，但这仍然会让人非常沮丧。在遇到这种情况时，流程负责人和领导者需要站出来稳定局面，让所有人相信这是意料之中的："这不是问题。让我们回去把它解决掉。别担心，我们会支持你们的！"

公司还有其他支持专家的方法，比如指导和训练。你可以让合适的人做好准备，在合适的地方为专家提供建议。这些导师和教练应该是高层员工，这样他们才能排除障碍，做出适当的改变以支持流程专家。

支持专家的一个重要部分是使流程制度化。专家将专注于创造新的工作术语和工作方法。这些术语需要成为整个企业词汇表的一部分。公司往往低估了共同语言的重要性。虽然企业没有必要彻底改变用语，但将"客户之声"和"端到端流程"等概念和术语注入公司的工作词汇表是很重要的。没有这种统一的理解，职能经理就会有强烈地想要保护自己地盘的想法，说："好吧，我理解流程，但我们可以自己来做。"当然，会说出这种话的人根本就不懂流程。但也不要做得太过火，你不需要引入 100 个新术语，十几条就足够了。

对许多人来说，头衔是重要的象征，流程专家也不例外。公司可以考虑为自己的专家制定新的头衔，比如"认证流程设计师"或"流程设计大师"，这样他们可以把头衔印在名片上。我们只要求一件事——不要用"带"这个词，比如"绿带"或"黑带"，无论何种形状或形式都不要使用。这会混淆流程与六西格玛技术，很多公司都犯了这个错误。

最后，向你的专家提供来自第三方的验证。在模拟或试点阶段，从质量保证部门或财务部门引入人员，让他们仔细观察流程，不仅要指出潜在的问题，还要指出团队做得好的地方。

流程治理中的政治问题

几乎每个企业都在宣讲团队合作和坦诚的重要性，但却没有很好的办法鼓励员工做到这两点。流程治理在流程企业中最重要的功能之一是揭露可能破坏团队合作的政治问题。它确实关注到了员工不愿处理的许多问题。这种坦率程度给许多员工带来了不适感，因为他们可能会觉得自己暴露在其中。围绕指标、责任和所有权的沟通侵入了人们的安全地带，并让那些业绩考核不达标的员工感受到了威胁。因此，必须制定明确的规则来管理这些必要的沟通。

下面是一些已被证明非常有用的典型规则。

- 开诚布公地沟通。
- 强调可能遇到的问题。
- 不单指出问题，还要提供解决方案。
- 批评时要有建设性。
- 对事不对人。
- 尽可能使用事实、图表和数据。
- 不是每个人都会同意这些决定，但一旦做出了决定，每个人都必须给予支持。
- 自尊心将受到挑战，最好暂时不管它。
- 业绩不佳并不总是与你自身有关，我们需要找到问题的根源，找到让你成功的方法。

- 对于每一件消极的事情，找到其中积极的方面。
- 做好准备。

在流程企业中，最常见的政治问题是控制、权力、预算和资源的丧失。在任命一条龙工作人员时，与我们合作过的企业不止一家经历过由此引发的官僚斗争。因为这个职位需要跨越职能界限，职能经理无法确定由谁来支付这名员工的工资，也无法确定他将归属于哪个部门。

当流程负责人就位时，许多职能经理会把他视为一个意图告诉他们该做什么的人，“他们在还未厘清状况的时候，就干涉我的业务”。他们担心流程负责人会发现问题，担心受到惩罚。他们试图通过声称自己会在部门内部开展流程工作来回避企业的安排，然后采用六西格玛或其他系统，完全忽略企业安排的端到端流程工作要求，最终对企业整体流程改革项目的效果产生负面影响。

企业的成熟并不会让问题消失。当企业达到某个成熟度，流程负责人开始管理诸如 IT 部门的预算时，几乎总是伴随着地盘之争。这给以前负责 IT 部门预算的员工造成了失落感。甚至在很长一段时间以后，一些职能经理仍将流程负责人视为晋升道路上的竞争对手，他们的不满情绪会持续发酵。

在实现流程治理过程中，另一个常见问题是与其他可能使用类似模型的内部团队（如 IT 部门）之间的冗余冲突。在大多数企业中，IT 部门已经配备了审查委员会，负责管理业务部门提出的技术需求。IT 部门的工作是接受各部门的技术需求、确定预算和进度、分配资源，并通过成功地实现需求（或在需求及条件发生变化时终止项目）来管理技术开发。成功的流程企业能找到协同两个管理结构的办法，从而避免冗余，并找到将流程和技术结合在一起的方法。挑战在于确保流程优先于技术。最好的方案是让CIO（首席信息官）和CPO一起管理流程委员会，只要他们都认同一件事：流程优先于技术。

企业治理和专业技能的注意事项

- 在最初的治理结构中，必须包含核心流程、治理流程和保障流程的所有流程负责人，以便他们都理解重新设计的流程将如何影响他们自己的流程。
- 建立“参与规则”，这样才能在复杂问题出现时，促进理性和非情绪化的讨论。
- 为流程专家创建培训课程，包括改革管理、谈判技巧、沟通技巧和问题解决方面的指导。
- 不要过度设计治理结构，不能让它变成另一个官僚机构，而不是一个有利于流程设计的增值结构。
- 不要忽视企业中能够提供支持和资源的其他治理结构。
- 不要忘记职能经理也是治理结构和流程的一部分。
- 不要创建与公司运营脱节的专家小组。

PART 2

第二部分

FASTER CHEAPER BETTER

The 9 Levers for Transforming How Work Gets Done

CHAPTER 7

第 7 章

整合一体

现在你已经知道了构成高效流程企业的要素。它们虽然易于理解、直观且很有逻辑性，但很难被实现。你知道改革很复杂，有很多地方需要变化；你知道这将耗费大量的时间和精力，而且这将是根本性的变化，会给企业的工作方式带来巨变。对于这些方面，你已经准备就绪。但是从哪里入手呢？该如何把它们结合在一起，从而获得改革的回报呢？简而言之，我们如何从原点到达目的地？

本书的第二部分包含 5 个案例研究，其中 2 家公司在转型为流程驱动型公司方面非常成功，而另外 3 家公司尽管认真付出了努力，但还是失败了。这些案例有助于我们研究改革是如何发生的以及在改革过程中会遇到什么阻碍。但在开始了解案例之前，我们先就如何把在前几章中了解的流程改革的许多相互关联的部分结合起来提一些建议。

了解你自己

流程改革旅程从自我诊断开始。你想要实现什么目标？为什么？一些人拿起这本书是为了削减成本，这很好。如果你成功地削减了成本，没有人会抱怨，但仅削减成本可能会变成一场危险的游戏。从长远来看，只关注成本削减可能会造成毛利润损失，因为这不仅无法给客户增加价值，还会抑制你为客户提供价值的能力。许多采用端到端流程的公司都经历了营业收入的增加，由于营运费用占营业收入的百分比下降，利润就会相应增加。但同样重要的是，除了为了应对经济因素和竞争而降低成本，公司还通过消除客户不重视或公司不需要的工作（浪费类工作）来降低成本。你也必须削减对企业有用但客户不需要的工作（非增值类工作）。通过流程改革，企业更专注于客户真正看重的工作，然后对其收取费用。这就是流程改革的力量。

削减成本只是公司向高效企业转变的目标之一。事实是，如果你正确地实施流程，最终能获得丰硕的成果。你的企业将变得更有创意、更有效率、更有竞争力。在改革旅程中，你将深入了解企业或好或坏的方方面面。当我们要求客户描述自己的企业文化时，他们通常会说出他们认为我们想听到的，或者他们自己所期望的内容。了解企业文化的本来面目，虽然可能会带来痛苦，但会解开公司从哪里着手，以及在哪里可能会遇到问题的秘密。你会发现团队中隐藏的人才，也会注意到团队合作和协作常常只是纸上谈兵。你会从原本认为对自己满意度很高的客户口中听到一些严厉的批评，同时这也是提高老客户忠诚度并赢得新客户的机会。

但更快、更省、更好的工作必须有一个更深刻的目标，这个目标就是让你现在的和未来的客户对产品或服务更满意。流程改革的结果是对外的而非对内的，它倾听的是“客户之声”。你可能认为自己已经做到了这一点。在改革过程中，你可能没有经历过任何危机，收入和利润可能都在上升，客户留存率也不错。但我们向你保证，无论你认为自己为客户提供的服务有多好，都不可能做到完美。如果你不知道不够好的地方在哪里，说明你的企业还不是流程企业。你可能有很多工作步骤，但这与流程完全不是一回事。

和其他公司一样，关于客户对自己的评价，你也有自己的猜想，自我诊断可以从这里开始。与销售人员、账单部门、客户服务代表，甚至是送货的卡车司机聊一聊，你会惊讶于他们对客户了解的深度；看看数据，查看诸如退货、保修成本和应收账款（满意的客户按时付款，不满意的客户不按时付款）等方面的变化趋势；再看看主要竞争对手的表现——谁进步了，谁退步了，为什么会这样。你或许早已经知道了其中的大部分信息，但还是要重复查看，看看是否有新的信息出现，这或许会改变你的假设。不管怎样，你会比以前知道得更多。

但不管你的假设看起来多么准确，最终都必须得到客户的证实。所以，去找源头：问问你的客户，问问他们还需要什么。你可以做调查，或者可以分别邀请你的 5 个最好的客户的领导前来，让他们指出你做得好的和不好的地方（重点是后者，而不是前者），或者你也可以请求与你合作时间最长和最短的客户前来分享这些信息。有一点要注意，在选择客户时，不要仅仅依赖销售团队的建议，也不要依赖那些经常与客户接触的人的建议，他们总是会推荐自己最满意的客户。细节决定成败，你必须勇于逼迫客户讲述那些看起来鸡毛蒜皮的小事，这可能才是造成不满的源头。你越了解客户之声，你就越能够确定如何以及从何处开始流程改革。

了解你的企业文化

自我诊断的另一个关键部分是审视企业文化的本质。从广义上来说，你要么拥有自上而下的“命令型文化”（mandate culture），要么拥有“牛仔型文化”（cowboy culture）——这种文化允许甚至鼓励你做出改变。如果你的企业文化是命令型的，你可能需要站在整个企业的层面设计改革流程，因为这类企业的结构往往充斥着安逸感。但是小心，你可能会自认为自己的企业是命令型文化，但是如果你允许某些部门不执行命令，或允许某些员工自行决定是否遵守高层的指令，那你的企业文化可能属于牛仔型文化或弱化版的命令型文化。要想成功实施改革，那就不得不处理这些问题。

在命令型文化中，强大的领导层指引着公司的运转。领导层开展流程改革的动机可能来自面临的危机，也可能仅仅由于高层工作上的不顺。这可能只是一种模糊的停滞感，即公司表现不错，但业绩并不出色或市场份额并未增加。让我们回想米其林的例子。米其林并未面临危机，但随着时间的推移，米其林越来越关注自身的增长和竞争态势。高层领导的担忧得到了回应，米其林也走上了前进的道路。

牛仔型文化与此完全不同。在这种文化中，人们缺乏耐心。员工想要看到他们相信的结果，并希望尽快得到想要的结果，因为他们需要这些结果来帮助自己获得成功。为了赢得这种文化中各种牛仔的青睐，你需要从小处着手，这样才能迅速产生结果，并证明流程的可行性和益处。牛仔型文化的企业更有可能会因为客户的投诉或问题而开始流程改革之旅。通过流程来解决问题可以迅速赢得牛仔的支持，说服牛仔接受流程工作，而不是把创意扼杀。但牛仔型文化的企业更应该小心。因为牛仔型文化倾向于鼓励主动性，你可能会成为主动性过载的牺牲品，并错误地将流程改革变成又一个尝试。这是行不通的。你的目标必须是使流程成为所有其他行动的保护伞。如果某个特定的尝试有助于企业向流程的转换，那很好，保留并改进它，使其成为流程工作的一部分。但是，如果某个尝试不适合流程企业，则需要果断放弃或搁置，否则它会占用太多宝贵的时间和精力，而将这些时间和精力投入流程改革会更有效。终止无法对流程改革或最终结果做出贡献的尝试不是失败，而是胜利。

无论企业拥有何种文化，重要的是在流程改革的初期，就指定一个领导者来倡导和捍卫它。领导者必须在企业中拥有足够的影响力，对流程改革有着发自内心的激情，并且愿意承担风险；领导者将负责调动必要的资源，推动流程沟通；领导者将指定流程负责人，流程负责人将召集设计团队，并制定团队的目标。

设置优先级

对于从何处开始重新设计流程这一问题，你将有许多选择。流程有 3 种类型：核心流程，即客户将为之付费的工作；保障流程，支持核心流程；管理流程，确保工作按时完成，正确分配资源以及优化企业结构以适应流程工作的管理。大多数公司都希望从对客户具有明显重大影响的核心流程开始流程改革之旅。你将从客户那里收集信息，以此归纳出流程改革的路径。你通常不会从保障流程开始改革，比如人力资源部，但如果某 HR 看到了流程的需要和好处并成为催化剂人员，从人力资源部着手也是一个好的选择。不管怎样，你肯定都会需要得到人力资源、IT、法律和财务等部门的协助。财务部门尤为重要，因为它可以帮助团队了解现在及未来业绩数据的获取方法，这是记录新流程绩效的必要信息。财务部门对新指标的赞同在政治上也很有价值。因为潜在的批评人士会将业绩改善视为经济复苏的结果，从而否认设计小组和新流程所做的贡献，而财务人员的认同能减少这种批评带来的负面影响。

完成第一次重新设计需要的时间在很大程度上取决于企业的规模、员工对重新设计计划的雄心和计划是否能得到良好支持。一个专注的、全职的重新设计团队可以在 4 周内产出结果，尽管更可能的时间范围是 2 ～ 4 个月。记住，产出结果需要的时间越长，对该倡议的支持就越有可能减弱。你必须随时公布已取得的成果。取消浪费类步骤是重要的第一步，一旦浪费类步骤被成功移除，企业就应该进行宣传推广和庆祝。

不要期望第一次重新设计就做到完美，这不可能。为了避免犯错，有太多流程设计知识需要设计团队去学习。实际上，你希望尽早发现尽可能多的错误、问题或疑问。这就是为什么在实际启动之前要对流程进行模拟。整个计划的目标是让客户受益，你不希望客户因为你早期的错误而遭受损失。公司可以修复模拟所揭示的所有问题，然后运行另一次模拟。在最初的设计中，微小的缺陷很可能被较大的问题掩盖，第二次模拟能揭示这些缺陷。如果在第三次模拟中，你仍然发现了重要的问题，那么你可能需要考虑重新梳理流程，并从头开始设计流程，或者重新设计一部分，这取决于你的根本原因分析所揭示的结果。流程工作一开始可能会有点混乱或令人不安，但如果 3 次模拟没有解决大多数问题或没有让企业向着目标前进，那么流程设计可能存在致命的缺陷。

当模拟结果表明流程运行良好时，就是时候在现实工作环境中对其进行测试了。但并不是完全开始运行！确切地说，你应当在一个监控良好的环境中进行多次试运行。在这个阶段，你实际上正在影响企业的内部系统——与被改造流程相关的流程和接收其输出的流程，客户也将开始看到结果。从一开始就监控客户的反应对企业非常重要，可能在最开始企业会每日关注，然后将关注频率调整为每周，随着时间的推移，每个人对新流程的信心都在增长。客户的反馈通常会揭露一些小问题，但这是意料之中的，可以通过一些运行调整来修复。如果流程设计工作做得足够好，并通过了模拟测试，那么在试点阶段应该不会出现太大的问题。试运行的复杂性应该逐步提高，运行范围应该逐步扩大，从流程的小规模内部运行开始，逐步扩展到观察流程环境中员工的工作状况，检查新工作描述是否有效和正确，以及预测新的薪酬体系能否顺利实施。总的来说，在试运行过程中，你需要关注两件事：一是流程是否能够达成设定的目标；二是流程是否稳定，数据能表明流程正在产生可预测的持续性成果。

当试点阶段的结果表明改革后的流程高效且稳定时，企业就可以准备全面推出新流程了。随着流程发展的加快，企业应该关注目标完成度。你不必在第一个月甚至第一季度就达到目标，但你必须确保企业在朝着这个目标取得较大的进展。如果没有，那么流程、实现方式或初始目标就存在问题。

当流程达到目标时，人们往往会宣布胜利并庆祝成功。让庆祝简单一些，你还有更多的工作要做。当初始流程运转良好时，你就应该开始关注为其提供输入和接收输出的流程。这时事情才真正开始变得复杂起来。当你创建第一条新流程时，你必须使其能够接收传统流程提供的输入，并产生可由另一个传统流程接收的输出。现在一切都在变化。你的挑战是修改初始流程，使其与重新设计的新流程兼容，既能接收新流程的输入，又能向新流程输出。那么，初始流程至少必须与4个不同的流程交互：传统的输入和输出流程，以及重新设计后的输入和输出流程。很容易看出，流程重新设计的增多带来了成倍的复杂性。这就是为什么存在管理流程，我们将其称为流程改革的“空中交通管制员”。你的初始流程至少要拥有一个最低限度的、非正式的管理版本，领导者和流程负责人保护资源、组织团队，并监督重新设计流程。当员工开始因为多个流程改革而竞争资源与设计人才时，管理机制必须足够复杂和完善，以确保关于改革哪些流程、何时进行改革以及由谁执行改革的决策是正确的。

脱离轨道

由于向高效流程工作方向的改革需要时间和精力，过程复杂并且变化诸多，因此企业很容易犯错，严重损害经过精心打磨的流程组织所带来的好处。最后3个案例研究涉及3家企业——福尔阿塞斯公司（Four Acres）、哈特维公司（Hattaway Inc.）和顶点公司（Acme Specialties），案例提供了一些可能发生的情况，但下面我们先对企业最可能遇到的失败模式进行总结和建议。

没有认识到改变的范围

太多人认为重新设计流程等同于更改纸上的流程图、组织图上的线条和方框，他们完全低估了实现端到端流程所需要的努力以及将花费的时间。流程改革类似于在移动的汽车上更换轮胎。一旦开始改革，你就会真正跳出框架的束缚，发挥创造性思维。如果采取的步骤正确，流程将创造一个全新的框架，一个更有效、更创新的框架。未能认识到改革范围的主要症状之一是，企业仅将职能经理的头衔变更为流程负责人，却并未做出任何其他改变。这些企业没有认识到流程改革与职能经理的职能范围并无关联，而在于流程负责人的影响范围。流程负责人不控制资源，但会影响资源的分配方式。一个没有认识到改革范围的公司，永远不会采取成为高效流程企业所必需的所有步骤。流程改革是一个长期过程，混乱和复杂不可避免。

应付危机

流程常常为重大危机提供解决方案。我们估计，至少有 60% ～ 75% 的公司最初开始走上这条道路是因为遭遇了威胁到企业盈利能力的问题，或者更糟的是，威胁到企业的生存。流程在解决大问题方面具有惊人的能力。但问题是，一旦大问题得到解决，危机过去了，人们就会倾向于回到过去。放弃创新，放弃改变企业的工作方式，简单地按照“我们一贯的方式去做”确实会更容易。解决这一问题的关键是企业要不断地强制自身进行改变，直到流程制度化，做到使倒退比继续前进更难。

个人拥护者

当企业的高层领导者是流程改革的拥护者时，就会出现这个问题。正如亚什兰公司的 CEO 吉姆・奥布莱恩遇到过的情形，即便是令人信服的流程逻辑，也不足以让一些固执的高管买账，他们担心自己的地位和权力会发生改变。吉姆不得不除去公司前 50 名高管中的 35 人，并引入了解并认可流程的新员工。如果你是企业中的流程领导者，但你无法得到上级或下属的认同，并且无法或不打算摆脱唱反调的人和怀疑者，那么你的流程改革很可能注定会失败。但即使CEO本人赞同并支持流程，也不要对流程的未来过于乐观。如果CEO离开了，董事会很可能无法完全理解整个流程以及它已经为企业做出的贡献。如果董事会无法找到一位拥有成功流程经验的新CEO，那么新CEO很可能为了给企业打上自己的烙印，会选择不再全力支持流程工作，或者直接放弃，回归到传统和对其而言较为舒适的工作方式中。

起点错误

考虑到流程中固有的变化的性质和范围，在真正开始流程工作之前，领导者常会有强烈的让基础框架或基础建设支持流程的需求。但过多的计划可能会带来致命的后果，因为它延误了改革的正式启动，并至少造成了这样一种印象：这只是另一个官僚机构。乔治·巴顿将军（General George Patton）很久以前就认识到："今天就付诸行动的好计划，胜过明天才开始的完美计划。"流程必须迅速产生显著的结果，才能在企业中立足。企业需要抵制万事俱备才起步的诱惑，因为万事俱备会耗费太多时间。企业最好从小处着手，让新流程显示出切实的好处，才能确保员工对改革的长久支持。

沿用旧指标

多年来你的公司一直使用同一套考核指标。无论出于何种原因——主要是因为员工的薪水和奖金与这些指标挂钩——许多人都不愿放弃旧指标，更不愿在全新的考核指标下工作。但是通过旧的考核指标企业无法获知实施流程的必备要素。如果没有新的进展和成功的考核方式，你引入流程的努力将会陷入困境，因为人们将继续按照旧指标中能得到奖励的标准开展工作。企业中的考核指标常与法律非常类似：新的指标不断被添加，但是旧的指标即使与员工的工作不再相关，也会一直存在。但在流程工作中，旧指标必须让位于新指标。考核指标驱动行为，保留旧的考核指标就相当于保留旧的行为。

接受失败

在流程改革道路上，失误在所难免。但是失败不应该阻止流程改革的继续。失败是学习的机会。在错误变得昂贵之前及早犯错不失为一件好事。

转向合作

流程改革“需要”团队合作，而不只是“鼓励”合作。当人们表示自己不赞成流程时，他们真正的意思是不想分享权力。你要求人们走出自己的舒适区，走出自己的藩篱，会有一些甚至很多员工不能或不愿如此。当优秀的员工威胁说要离开而不是适应流程时，不要试图留住他们。他们也许在旧体制下表现不错，但在新体制下不一定会成功。要么他们会破坏流程，要么流程会摧毁他们。流程改革需要领导者具有说服能力并适当采取外交手段，同时也需要铁一般的决心。领导者需要有1/3 的远见、1/3 的沟通能力和 1/3 的突破能力。

CHAPTER 8

第8章

瑞典利乐公司

成功改革的企业

20世纪90年代中期，瑞典利乐公司遇到了一个大问题。多年来，它一直处于惊人的增长轨道上。随着乳制品和饮料公司争相向消费者出售味道新鲜且无须冷藏的产品，利乐公司率先推出的无菌包装设备和材料的销量飙升。像许多快速成长的公司一样，利乐公司的运营没有形成体系。公司忙于满足订单需求，既没有时间也没有耐心来完善纪律和制度。但现在经济增长放缓，竞争加剧，是时候做出一些改变了。

失控公司的症状无处不在。曾经，利乐公司只是接受订单就让客户很感激了，但现在客户的要求越来越高。销售人员会为了试图安抚客户，承诺生产某种包装的产品，但因为它们的形状和配置不寻常，根本无法生产。客户要求的包装材料交货周期为2周，但利乐公司却用了

6周时间处理；客户希望与利乐公司建立单点联系，但利乐公司太过分散，无法满足这一点。

《企业再造》在此之前早已出版，流程设计和重新设计的概念已经被多次讨论过了。利乐全球组织的不少高管认为需要使用流程来运营企业，在接下来的几年里，利乐公司多次尝试改革企业的一些部分。但是，这些改革的努力缺乏中心协调，也并非基于端到端流程思想。随着时间的推移，它们无法持续下去，因为未能产生人们希望达到的那种效率。

在2000年，为了增强对其系统的控制，利乐公司依托SAP软件，推出了一项企业资源计划。作为新计划的一部分，利乐公司在全公司范围内承诺重新设计流程。由于缺乏资源，前两次尝试都失败了，但利乐公司的第三次尝试得到了充足的财务、人力和咨询顾问资源的支持，并开始在公司内产生一些吸引力。在几年的时间里，流程得到了大量关注，但它们仍然是通过各种杂乱无章的理论和方法来完成的。2003年，流程改革又开始失去动力，但变革的种子已经被种下了。

美国行动

尽管美国远非利乐公司最大的市场，但利乐公司的流程重新设计工作在那里取得了一些显著的初步成功，这主要得益于约翰·拉贝（Johan Rabe）的努力。约翰可能是弗吉尼亚大学唯一一个在瑞典军队服过兵役的毕业生。他出生于瑞典，因为父亲为沃尔沃印尼分公司工作，他在印尼度过了自己的童年。之后他到美国读高中和大学，然后在瑞典服义务兵役。在服完兵役后，约翰开始了在利乐公司的工作。1999年，在客户越来越不满利乐公司提供的服务时，他成为客户服务主管。在大量客户投诉的重压下，约翰听从一位朋友的建议，学习了端到端流程改革技术，并立即意识到重新设计订单履行流程的潜力，被重新设计后的流程便于由单个员工处理订单。他设想，这名员工通过与客户一起设计出他们想要的包装，确保设计在能够满足客户需求的同时，又不超出公司的生产能力范围，并且该员工能为订单购买必要的设备和材料、规划和调度订单履行顺序、调度运输、确保货物准时送达，并在客户所在地安装机器，最后发出账单。

约翰的设想与利乐公司在美国的实际情况相去甚远。他想象中由一个人来完成的工作，实际上正由不同部门的许多人来完成。不可避免的误解和交接造成了延迟、混乱、复杂和各种故障，这些问题在职能分散的企业中很典型。

约翰知道，理论上他可以简化订单流程，从而改变公司的运营情况。但有一个问题——约翰没有权力这么做。他掌控着接受订单的客户服务代表，但控制不了在这一可怕流程中的其他部门。他不能强迫其他部门做事。尽管如此，他还是决定继续前进。

虽然约翰没有权力命令他的同事，但他认为有可能说服他们按照他的方式行事。他说服财务部的主管把预测成本的责任交给他，从而使财务部甩掉了恼人的负担；他说服物流部将货运协调员从仓库中调出来，与自己部门的客户服务代表坐在一起，这样他们就能更早地了解客户的运输需求；他向生产部门保证，如果能让他的部门对生产计划有更大的影响力，他就能减少流向生产的繁重的紧急订单数量；他找到销售部的负责人，让他理解紧急订单会产生的额外费用。约翰得到了同事甚至老板的支持，老板同意提高对员工的技能要求，并为新一代的客户服务代表支付相关费用，以使他们能按照约翰预想的方式工作。不久，约翰的努力就获得了回报。成本、交货期、紧急订单数量和顾客投诉都有所下降，顾客甚至开始称赞这种新的经营方式。尽管如此，约翰知道，虽然他已经开始了改革，但他没有足够的筹码在公司进一步推进。就在这时，丹尼斯·琼森（Dennis Jönsson）发挥了作用。

许多管理者根据数据和报告，通过远程控制有效地经营企业，但这不是丹尼斯的风格。丹尼斯于 1982 年加入利乐公司，并曾在瑞典、巴拿马和墨西哥工作。自加入公司他就以自己的亲身经验管理着自己的公司。他会花很多时间与客户打交道，倾听他们的抱怨和抱负。他走遍工厂，仔细查看订单和日程安排，并确保利乐公司的设备能按照客户的运营计划运行。当丹尼斯刚就任利乐公司美国地区业务总裁时，他提出了一个问题："产品开发流水线的准时交货率是多少？"问题很简单，但却没人知道答案。

丹尼斯知道，如果这样一个简单的问题员工都回答不上来，那这家公司的麻烦就大了。确实，公司存在巨大的问题。经调查，只有 13% 的订单准时交付。那时，约翰刚刚开始努力把客户服务改革为端到端流程，这引起了丹尼斯的注意。丹尼斯开始花很多时间与约翰在一起，加深他自己对端到端流程的理解。使用约翰的端到端流程方法，公司的准时交货率很快飙升到 80% 以上。丹尼斯为约翰的流程工作提供了额外的资金和支持，并计划将其扩展到美国地区业务的其他部分。2001 年，丹尼斯被提升为常温纸包装（Carton Ambient）业务单元的负责人，这是利乐公司最大的业务单元。

丹尼斯将约翰一起带入了常温纸包装业务单元，他们在部门的各板块中推动流程改革，虽然与此同时公司其他部门的类似努力并无明显进展。常温纸包装业务单元与利乐公司的其他部门有着广泛的联系，丹尼斯说服CEO把改革提上了公司的议事日程。丹尼斯确实在冒险，尽管他的同事都怀有疑虑，他还是赢得了团队的支持，利乐公司开始了以流程为中心的改革。2006年，丹尼斯成为CEO，并将流程改革融入了公司的DNA。

将纪律引入流程

2003年，涉及整个企业的最新流程计划开始偏离轨道，利乐公司任命安德斯·韦斯特（Anders Wester）为首席流程官。他的工作正是为利乐公司的多个流程工作创建纪律性和秩序感。安德斯当时并不知道，从那时起，他开始了一段为期3年的旅程。

安德斯的第一个行动是结束“为了流程而流程”的思维模式，这种思维模式似乎主导了利乐公司的许多流程计划。相反，他开始着手在流程工作和利乐公司的战略目标之间建立强有力而明确的联系。简单来说，利乐公司有3个战略重点：聚焦和发展核心业务、重视成本驱动型创新，以及促进经营和绩效的改善。这样一来，不仅是流程中的员工，所有人都有了关注流程的理由。

安德斯解释道：“如果你说，‘我们的流程可以提高战略目标’，那么人们可能同意，也可能不同意。但如果有人不同意我们的战略，那么问题就严重了。对高管来说，接受这种论述是非常困难的。”

一旦所有人都知道流程是利乐公司战略的组成部分以后，流程知识的教育就成了重中之重。教育从250名高管开始。这些高管以小组形式参加了利乐公司与瑞士洛桑国际管理发展学院（IMD）合作建立的“流程学院”（process academy）。为期3天半的研讨会让高管沉浸在流程设计中。作为课程的一部分，高管必须制订一个计划，内容是他们将如何在自己的领域中采纳和实施流程。在课程的最后一天，每位高管都必须向 CEO 展示自己的计划。“这让管理层中的许多人接受和理解了流程。”安德斯说。18 个月后，当最后一名高管结束学院培训时，利乐公司到达了一个转折点，这标志着公司开始完全接受流程。

回顾过去，安德斯确信整个公司能接受流程思想全靠 CEO 的大力支持。“流程可能始于基层，但最终你必须让 CEO 认同‘这就是我们经营企业的方式’。”安德斯说。在流程改革的开始阶段，CEO 最显而易见的任务之一是公开任命流程负责人，并阐明其流程改造全职设计师的角色。CEO 的认可给予了流程负责人必备的影响力，让他们能够进入企业开展调查，提出最切题的问题，做出最棒的设计。

安德斯还发现，人们非常希望能一步到位地改革整个企业，但这极其复杂，肯定会导致改革失败。与此不同，他认为重点应该放在对公司战略目标有直接和明显影响的几个核心流程上。对利乐公司来说，这意味着伤害一些员工的感情。当利乐公司挣扎在改革多个流程的努力中时，流程委员会成立了，目的是将来自不同职能部门的员工聚集在一起，支持流程设计。但很明显，太多的声音和意见阻碍了改革进展。后来利乐公司决定只关注几个核心流程，于是流程委员会的人数大幅减少。比如人力资源部就失去了进入流程委员会的资格。

“刚开始，我们同时进行着很多计划，很多人试图同时做太多的事情，没有区分优先级。当我们决定只关注几个核心流程时，我们不得不对一些人说，‘你们不再是流程委员会的成员了。你的部门没有别的部门重要’。通过这种方式裁减人员，我们当然不可能受欢迎，但为了取得进展，我们必须这样做。”

在整个公司处于流程设计初期阶段时，流程负责人除了创建设计之外没有其他责任。他们离开了高层管理岗位，把全部时间都花在设计流程上。正如安德斯所说："设计不可能一夜之间完成。"但当利乐公司开始实施最初设计的流程时，情况发生了变化。流程被嫁接到职能责任中，使流程工作能够以类似于职能部门的形式实施。现在，利乐公司已经打造了全面的职能能力，但是工作仍通过流程完成。

"流程掌握利润和亏损，"安德斯说，"但部门才是员工真正工作的地方。流程责任和部门责任有很多重叠，其消极影响是，流程负责人常常需要避开自己的职能责任，而这很难做到。因为担任执行角色时，他们信心十足，拥有指挥和控制能力，但在承担流程责任时，这些都无法保证。"

利乐公司还发现，在流程实施过程中，忽略员工的行政决策不可能提高员工的积极性。企业很容易低估和忽略流程实施过程中员工的作用。但利乐公司的高管明白，必须让员工对流程设计感到兴奋，不管是从理智上还是情感上。对一个受过良好教育、头脑清醒的人来说，流程设计的核心非常符合逻辑，也非常容易学习。但要让他在情感层面上与它联系起来就困难得多。

"人是复杂的，"安德斯说，"你必须训练他们，改变他们的态度需要时间。你必须赢得他们的心和思想。"

正确的措施对于流程设计的早期成功和发展至关重要。利乐公司意识到自己早期犯了个大错误，在使用SAP创建企业资源计划时未能建立一个主数据库。这样一个大范围的数据库在早期很难看到好处，但随着流程设计和企业改革逐渐成熟，数据库的价值日益凸显，公司痛苦地付出了代价。

拥有正确的考核指标非常重要，不能临时凑合。利乐公司在早期阶段投入了大量的时间和精力来设定基准和定义。一开始公司并不总是很清楚哪些指标能驱动目标，只有通过彻底的讨论和测试才能得到想要的结果。设定指标的关键在于认清目标，然后想清楚该如何考核。加入了评价因素的目标会显得更具体、更真实。保持指标的简单明了也很重要。在最高层次，关键指标成了公司平衡计分卡的一部分，人人都知道CEO每个季度都会审查一次。再加上至少部分奖金是基于这些关键指标确定的，每个人都愿意密切关注指标状况。

旅程永无止境

今天利乐公司是流程导向的公司的典范，它经常出现在我们的流程培训中，作为一个真正理解流程的公司的案例。2008年，我们邀请安德斯在一门课上发表演讲，他将自己的演讲命名为“从项目到生活方式”（From Project to Way of Life），他说：“我有一个好消息和一个坏消息。好消息是流程思想非常非常简单，从智力上讲，它并不像火箭科学那么难。坏消息是流程工作并不容易，实际上，要实现流程是非常非常困难的，耗时很长。我不是一个很有耐心的人，但是我一直在为我们坚持不懈所取得的成就而高兴，因为这真的花费了很长时间，但这是值得的。每个人都问，‘你们是什么时候成功的?’，我觉得当我们不再思考流程问题时，就表示我们成功了。它变成了我们工作和解决问题的方式。我们的员工现在谈论的是‘这是执行问题还是设计问题，还是说我们需要重新设计流程’，当你的员工也开始进行这些对话时，我觉得你就成功了。”

2009年，我们的一个研究小组调查了利乐公司和其他几个流程导向的公司，内容涉及企业对流程的使用和接受度。结果表示，尽管利乐公司在让流程成为计划和讨论的核心方面“成功”了，公司仍认为自己有很长的路要走。在 PEMM 量表中，打分分值为 1 ～ 4，4 分为最佳水平，利乐公司的自我评价为：客户关注 1 分，对改变和团队合作的态度 2 分，领导意识 3 分，管理责任 3 分，对考核指标的定义 2 分，对考核指标的使用 1 分。

为什么一家似乎已经掌握了流程的使用，而且作为该领域的领导者而广受赞誉的公司，却如此苛责自己呢？因为旅程永无止境。你对流程了解得越多，你会发现使其发挥作用的方法越多，并且你对诸如管理和考核等方面的细微差别的认识也就越深刻。利乐公司的领导者意识到还有更多的事情要做，所谓的“成功”只是通往卓越之路的驿站。

CHAPTER 9

第9章

加美萨公司

打造全公司范围内的流程文化

多年来，加美萨公司一直是墨西哥最重要的曲奇和甜点生产商。这是一家成立于1921年的家族公司，与许多其他公司一样等级森严。员工的工作由主管监督，主管受上一级领导监督，往上还有更上级，层层监督。公司成立之初，这种严格的控制制度效果良好，公司通过并购实现了规模增长，并通过与批发商和超市合作提高了销售额，到1990年，公司已占领了约1/3的零食市场。但是，1990年，当百事公司收购该公司时，旧管理方法的运转情况已经不那么良好了。加美萨无法创新，过于关注自身成本，而非产品价值。产品质量参差不齐，制造工艺低效；员工薪水很低，工作环境沉闷，员工对工作毫无激情，也不感兴趣。也许最糟糕的是，加美萨的客户，从批发商到大型零售连锁店，再到街头小酒馆，都对其服务和产品不满意，而作为产品最终购买者的消费者也不满意。

在百事公司要求加美萨改善业绩的同时，加美萨的高管也在努力寻找新的前进道路。公司支离破碎的官僚机构是一个大问题。掌权者太多，他们的拥护者也太多，各级员工都没有工作重心，没有人知道如何才能提升业绩。士气低沉的员工同样也是问题。加美萨与工会长期存在冲突。年度合同谈判总是耗时数月。在工厂里，员工没有发言权，觉得自己与工作脱节。事实上，工会甚至告诉员工，不要试图改善加美萨的情况，它建议："收起自己的思想，让身体去工作即可。"员工和老板都明白，加美萨想要的只是员工的劳动，而不是他们的思维。墨西哥传统的工作时间为每周 48 小时，大多数员工每周工作 6 天，有时还会加班。在这个看重家庭关系的国家，员工与家人相处的时间少得可怜。而且，有些工作是季节性的。墨西哥人主要信奉天主教，许多天主教徒认为加美萨的零食是大斋节的祭品。每年大斋节开始时，公司的销售额都大幅下降，导致裁员和工时减少。显然，加美萨陷入了困境。

直到华尼托（Juanito）出现。

当时加美萨的 CEO 萨尔瓦多·阿尔瓦（Salvador Alva）意识到，公司需要进行根本性的变革，不管是文化还是生产方法。但他也知道，要推行如此大胆的举措，必须找到一个强有力但简洁明了的主题，让公司里的所有人团结起来，从高管到夜班维修工。他一直没有找到统一的主题。1996 年的一天，萨尔瓦多漫步在加美萨总部所在地蒙特雷的一个市场上，思考着怎样才能让加美萨重新走上增长和财务健康的道路。当他转过拐角时，看到一个小男孩坐在路边吃着一块加美萨饼干。这一幕让他印象深刻：他是加美萨的客户！在蒙特雷，零食或小吃不只是饭后甜点那么简单，还是儿童日常营养的重要组成部分。萨尔瓦多迅速走到小男孩面前，问他："你叫什么名字？"

"我叫华尼托。"

那一瞬间，华尼托成了加美萨问题的答案。不需要有太多的主管，这就是新老板：小华尼托所代表的客户。萨尔瓦多终于找到了主题。他开始说服每个员工，从高级职员到工厂的普通员工，加美萨需要做的是让所有的努力都围绕客户展开。他传达的信息是：客户需要并理应得到价格合理的优质产品。如果加美萨能够持续提供这种产品，就一定会成功。愿景很简单：成为最受欢迎的方便、营养、有趣的食品公司。为了取悦客户，加美萨愿意彻底改变经营方式。从那时起，萨尔瓦多宣布，无法为消费者创造价值的工作都是无用功。价值由华尼托来定义，而不是 CEO 或加美萨的任何其他人。

说起来容易做起来难。萨尔瓦多知道，改变企业的整个文化及工作方式将是一项耗时数年的艰巨任务。他很早就认定，采用流程方法是实现公司期望的结果的唯一方式。然而，成为流程企业的含义似乎是惊人的。职能部门的"竖井"必须服从端到端流程，而华尼托和其他客户位于流程的末端。但在开始流程改革前，公司不得不对劳工关系进行全面改革，以挖掘员工的专业技能和精力。鉴于管理层和劳工之间存在敌意的历史，这是一项艰巨的任务。萨尔瓦多认为，如果员工理解他们的任务是为华尼托提供快乐和营养，只要管理层愿意倾听，他们就能提出许多有价值的想法。但这只是解决问题的一部分。工人必须信任管理层，管理层也必须赢得他们的信任。鉴于这一挑战，萨尔瓦多制定了一个简单的指导原则：让员工信任管理层后再行动。

虽然与员工建立信任关系已经很困难了，但这只是漫长旅程中的第一步。最终，企业的组织形式和劳工关系都会发生巨大变化。没有人知道这会以多快的速度、怎样的形式发生，但是通过强调流程企业思想，萨尔瓦多相信，新的、更有效率的企业形式将会出现。

第一个障碍是说服持怀疑态度的员工，让他们相信，这家长期以来蔑视他们、只把他们视为体力劳动者的公司，真的在认真改变这种关系。毕竟，公司长久以来一直做着许多蔑视员工的事。长时间工作和低工资只是其中的一部分。卫生间简陋而肮脏，工厂里没有食堂，公司几乎不支持娱乐活动。在一个痴迷足球的社会中，加美萨拒绝派出团队参加企业联赛。

踏上流程之旅的管理层决定创建一个流程来解决敌对的劳工关系问题，即“博得员工信任”流程。这个流程的关键是告诉员工，公司希望改变长期以来的劳工关系，但公司会尊重员工的想法，而不是按公司自己的想法行事。

“我们不会告诉你如何改变公司，”领导告诉员工，“那将是你们的工作。我们会听从你们的意见。我们要把生意交给你们。”

只是说说而已吧？工人显然仍持怀疑态度。但随后，管理层开始召开大型会议，征集改革相关意见。起初，由于担心遭到报复，员工不愿说出自己的想法，但这种担忧最终消失了。在改善与管理层的关系及工作条件方面，员工提出了许多意见，从几十个逐步达到上百个。有些与工作直接相关，主管因为干扰一线工人而受到很多批评；也有针对工作环境的意见，工厂里肮脏的洗手间在投诉名单上位列榜首；而足球爱好者们表达了愿望，希望加美萨提供一个练习场地。当然，还有很多员工要求提高工资和调整工作时间。

从表面上看，高管获得了成千上万个想法，但结果最终还是取决于高管如何看待这些想法，以及如何进行梳理和实施。如果没有最终的实施，工人会更坚定地认为这不过是另一种管理策略，目的是在没有任何成本的情况下更多地榨取他们的价值。但加美萨从一开始就告诉员工，公司将把生意交给他们。为了实现这一承诺，公司呼吁员工就如何提高工作效率提出更多想法，以节省成本或增加利润，从而为实现员工的想法提供资金。果然，员工乐意效劳。

节省的成本为新足球场贡献了一半资金，公司承担了另一半。这个目标不是一夜之间达成的。实际上，公司花了好几年时间才让“博得员工信任”流程成熟，但这些迹象真切地表明：公司和员工开始相互信任。

最明显的信任增长或许在于，公司管理层向员工咨询，让他们提出使公司更赚钱的意见：“公司需要做什么才能更赚钱？这样公司才能给你加薪，并投资于业务增长。”

明确的回答是：“让我们不受干扰地工作。”长期以来，工人一直认为，管理者没有必要干预工作的完成方式，在某些情况下，要求过于苛刻会造成工作拖延，不顾一切地催促则会导致产品质量下降。“该如何做好自己的工作，我们自己最清楚，所以你应该让我们按照自己的方式去做。”工人说。但这会不会太冒险？毕竟，加美萨将把质量控制、安全和维护等关键业务都交给了员工。但只有这样做，员工才真正能拥有公司的所有权。

再重申一次，改革需要时间，需要强有力的、始终如一的领导。自2002年起担任加美萨桂格公司CEO的何塞·路易斯·普拉多（José Luis Prado）表示：“这需要持续性和一致性。”最终员工形成了一种切实可行的工作方式。在工厂管理者人数稳步下降的情况下，质量、安全和维护标准实际上得到了改善。随着时间的推移，加美萨的大多数工厂都达到了这样的程度：只有一位厂长，几位人力资源、工程和供应链的协调员，其余的都是一线工人。一些夜班甚至无须安排监管人员。

成本节约显而易见，加美萨正在成为一家盈利能力更强的公司。同时，作为“企业的主人”，员工很自然地想要拥有股份。随着时间推移，员工意识到加美萨是在认真改变劳工关系，公司和工会之间的谈判变得更加容易进行。管理人员和员工之间新关系的最大成就之一是新的可变薪酬制度，这是墨西哥工业圈中前所未有的概念。员工的薪水与团队指标挂钩。效率和质量等可变因素由一线员工的自我管理团队控制。他们知道自己的考核指标，每次轮班结束时，他们开会分析绩效，并制定改进计划，从而获得更高的报酬。这听起来像是一项管理举措，但实际上它是员工自发进行自我管理的一个例子。

在加美萨开始流程之旅时，收入问题只是员工抱怨的主要问题之一。另一个大问题是每周 6 天的长时间工作。员工了解到自己作为企业主人的身份之后，他们提出了更好的工作方法，建议改为每周工作 4 个 12 小时。对此，管理层表示，如果员工下定决心以及能安排好人员配备相关问题——轮班范围、休假计划、病假时间、加班需求、培训、资源需求，以及最重要的是，满足生产需求，他们就可以尝试。

加美萨的文化被彻底改变了。员工觉得自己更像是企业管理者的合作伙伴，因此他们变得更加积极。例如，他们向领导层指出，残疾员工在晋升方面受到了忽视，这是不公平的。于是，经过共同努力，员工提出了一项发展和培训计划，让残疾员工有机会证明自己并进入管理岗位。他们还找到了照顾季节性衰退期间被迫离职的员工的方法，感激并回报那些为公司牺牲的人。

这些年来公司取得的成果惊人。随着流程改革的成熟，加美萨成功将管理者与员工的比例从 1 ∶ 12 降至 1 ∶ 55。工资制度由定额薪酬制转变为 100% 无底薪不定额薪酬制。主要基于流程绩效的新薪酬结构包括根据团队成员的工作类型划分的报酬。企业达成的主要业绩有：产量增加了 50%、劳动力成本减少了 12%、利润增长了 15%、质量水平提高了 1 倍、员工实得工资增长了近 160%。

漫漫征程

仅仅是劳工关系转变这一项就足以让加美萨受益良多而安于现状。但流程改革路漫长又艰难，有许多细节性的工作需要公司处理，公司也需要大胆地以不同的方式工作。例如，在改革开始之前，加美萨是一家成本驱动型公司。饼干和零食在市场上的价格基于生产成本。这听起来很合理，但当华尼托以及他所代表的客户被当作公司的负责人后，这一决策不再合理。推动流程改革的新定价策略名为"增值价"。确定新价格并不困难。你所要做的就是带着产品去问客户："这个产品的价格应该是多少？"反过来说，加美萨必须思考如何安排产品生产，从而使产品的定价既能满足客户的期望，又能产生利润。

当然，随着经济和市场环境的变化，产品的价格也必须发生变化。这意味着公司必须在流程中不断创新。但对于加美萨，由客户来决定产品的价格这一点不会发生变化。

向以流程为中心的企业改革是一个不断演变的斗争过程。加美萨最初的愿景是全面转型，将整个公司转变为一个完全以流程为中心的企业。但事实证明，实现这一目标比预想的困难得多。

当然，加美萨的初衷是正确的。它任命流程负责人和专职团队来重新设计流程，他们的第一个目标便是创新流程。为了强调变化将会有多么彻底，兼任流程负责人的高管更换了新头衔。例如，负责营销的副总裁成了“吸引消费者”流程的负责人，而直接向其汇报的员工成了该流程团队的成员。头衔的改变产生了预期的效果，向整个公司传递了强有力的信号：公司对待改革是认真的。在创造理解流程概念的公司文化方面，加美萨也取得了一定的成果。

时间逐渐流逝，加美萨显然还远未实现全公司改革的愿景，而正是这一愿景开启了加美萨的流程之旅。加美萨为改革付出的努力零零碎碎，限制改革进展的最重要的一个方面是加美萨设计的流程在很大程度上没有突破职能“竖井”。实际上，加美萨只是将流程头衔添加到职能部门的职责中。大部分职能工作仍停留在各自的“竖井”中，公司未能获得端到端流程工作的全部好处。

流程改革进展缓慢，加美萨的领导花了几年时间才认识到公司已经脱离了全面改革的初衷。为了让公司重回全面改革的轨道，从 2005 年开始，何塞决定进行重组，将加美萨改革为高级管理层眼中的“多维企业”。新企业的第一个层面是现有的知识、专业技能和人才管理职位。第二个层面将公司的 4 个业务部门集合在一起，作为一个整体对全球消费者负责。业务部门负责管理加美萨的品牌组合，专注于创新，深入研究客户和竞争对手。第三个层面是创建客户开发小组，作为一个多职能团队，他们对加美萨的直接客户，即真正将产品交给消费者的批发商和零售商负责。小组主攻 3 个细分市场：批发市场、超级市场和小型商店。第四个层面是流程负责人，他们指导流程工作。尽管流程最终将成为多维组织的核心，但是，在加美萨改革的第二阶段，并没有着重强调流程的作用。原因是对加美萨来说，首先要实现重组，然后再将流程应用于整个公司。

加美萨转型的第二阶段旨在实现 5 个涵盖整个企业的优先事项，用加美萨的话说就是“必须赢的战斗”。其中 4 个优先事项与加美萨的 4 个业务部门——零食部、方便食品部、健康零食部和国际部直接相关，并试图在各自领域确立明确的市场主导地位。第五个优先事项是公司通过流程得到新的能力以及达到新的生产力水平，尽管端到端流程并非此时的重点。

只有在重组工作成熟之后，加美萨才能开始第三阶段的改革之旅，第三阶段的重点是流程工作。这一阶段以“公司整体改革日程安排”和任命首席转型官（chief transformation officer）并将其纳入公司执行委员会开始。何塞说：“目标是将科学引入管理艺术。”“流程负责人”的头衔被正式确立，各个流程都任命了负责人，包括吸引消费者流程、贸易发展流程、客户服务流程、规划管理和组织流程以及人才流程。每个流程负责人都有责任通过重新设计、改进和管理自己的端到端流程来创造持续有效的流程绩效。“更快、更好、更省”成为加美萨的管理口号。更快意味着前瞻性，公司眼光要领先于变化；更好意味着公司通过一致和流畅的流程改善业绩；更省要求公司提高收益、减少成本，助力未来发展。

为了实施第三阶段改革，加美萨建立了流程委员会——一个多功能领导团队，其中包括向执行委员会报告的流程负责人。加美萨还在流程负责人之下创建了新的执行角色：“业务架构师”作为内部顾问，帮助管理和改进流程；“企业架构师”确保企业结构合理，岗位职能协调，以支持流程；“IT 架构师”负责确保用于支持流程的信息技术稳定可靠。总之，这些变化代表了一种企业架构方法，反映了公司对流程改革的支持。

3 年改革的结果惊人。产品生产周期缩短，一些产品在短短 4 个月内就完成了从构思到进入市场的过程。库存水平降至新低，客户服务达到了创纪录的水平。财务预测越来越准确，成本下降，生产力翻了一番。那时，加美萨的首席转型官兼流程委员会负责人米格尔·加尔文（Miguel Galvan）指出，到2010年年底，加美萨将从PEMM模式的一级提升至三级，这将是一个不小的成就。最重要的是，加美萨改革的第三阶段为公司在未来几年实现质的飞跃创造了条件。但要做到这一点，公司必须在某些领域加大力度，流程负责人的作用尤为关键。

“我们需要完善流程负责人的职能，”米格尔解释说，“有时候，职能经理担心流程负责人做出的决策会影响自身利益。实现流程管理的最后一步是让职能经理认识到，流程改革跨越了部门边界，流程负责人才是改革的负责人，有责任利用端到端流程提升经营业绩。因此，我们赋予流程负责人实权，让他们有权决定对改进流程的投资，并在职能经理之间进行操作上的权衡。”

在未来，客户也将扮演更重要的角色。加美萨打算将客户整合到自己的规划流程中，寻求如何更好地为其终极老板华尼托和其他喜欢加美萨产品的消费者服务。

CHAPTER 10

第 10 章

福尔阿塞斯公司

成果迟迟未出现

左巴科技公司（Zorba Technologies）是福尔阿塞斯公司最大的客户之一。当福尔阿塞斯公司的运营执行副总裁凯文、销售副总裁格林在与新上任的左巴科技公司的 CEO 打高尔夫球时，他们听到了意料之外的抱怨。

“听着，我刚到任，我不是专程来打击你们的，但公司里跟我交谈的每个员工都抱怨你们交货延迟，并且账单乱七八糟。”他的话让高管感到震惊，“你们的产品质量很好，但价格上涨得比竞争对手快。这不是威胁，但我明年将更加密切地关注这些方面，你们需要知道，我不保证会继续与你们合作。”

灾难般的景象浮现在两位懊恼的副总裁面前。凯文整天都为他在高尔夫球场上听到的事情而烦恼。“为什么我们之前不知道呢？”他反复问自己，“我们的确有很多数据，每个月都会检查一遍，但从来没有预料到这种情况。”

周日，他打电话给格林，告诉格林自己的不安。“我喜欢惊喜，格林，但不是那种惊喜。那太尴尬了。你对他的抱怨有什么看法？我们怎样才能解决？”

格林向凯文保证，这只不过是公司正在经历的一些成长的痛苦。加上左巴科技公司的新 CEO 以前是运营人员，新 CEO 看到的是上一任 CEO 不太关心的事情。但随后格林提到，也许福尔阿塞斯公司需要做出一些改变。

“凯文，我需要更多的人力资源。也许我们可以安排一些人手专门与左巴科技公司对接，直到新 CEO 习惯我们公司的工作方式。你或许需要和运营团队谈谈，他们似乎总是无法按时发货。也许他们也需要增加人手。”

在公司发展壮大后，扩大员工规模听起来还不错，但凯文默默地注意到格林说过的话——“直到新 CEO 习惯我们的工作方式。”“嗯，”凯文想，“格林真的这样认为吗？他对我们所有的客户都是这样吗？如果是这样，这对他的销售团队来说意味着什么？与运营部又有什么关联？”

一些念头萦绕在凯文脑子里，他无法放松。“公司的发展是否让我们变得傲慢自大？我们是不是忘记了客户？如果继续这样下去，5 年后福尔阿塞斯公司会是什么样？”

凯文决定取消当天下午去看足球比赛的行程，利用周日剩下的时间在网上寻找解决问题的方法。一些文章和书籍指出仅仅依靠加派人手来解决问题是错误的。弗雷德里克·布鲁克斯（Frederick P. Brooks）在《人月神话》(*The Mythical Man-Month*）中有一段话简明扼要地阐述了这个观点："向一个已经延后的项目投入更多的人力资源只会让它延后更久。"凯文不相信投入更多人力能解决问题。他还遇到了一个新词——"客户之声"。

凯文知道，时间很重要，他想向左巴科技公司的CEO证明他在倾听，并且对客户的意见有反应。格林的评论萦绕在他心头，他觉得还有很多东西要学。他能感觉到：这是件大事，也很重要。

周一早上，凯文开始研究其他客户的数据。他的直觉是正确的——有很多其他数据指向同一问题。从表面上看，问题并不明显。但由于他在寻找特定的东西，这就像在知道主题的情况下拼图。他既担心又乐观。谢天谢地，问题已经浮出水面，但到目前为止，福尔阿塞斯公司已经在不知不觉中遭受了什么损失呢？

凯文有几件事要做，其中包括了解销售、配送、定价和计费工作的方式以及它们之间的联系。经过几天的亲自跟踪，他决定对公司的"订单—现金"流程进行全面改革，以解决延迟交货和计费错误的问题。在对流程重新设计如何能为公司的运营带来更多的纪律性以及如何与"客户之声"联系做了一些研究后，凯文准备说服执行委员会同意他任命颇有能力的新星罗杰，负责"订单—现金"流程的重新设计工作。

"你说得很有道理，"福尔阿塞斯公司的CEO回复，"但是听起来很复杂。如果罗杰能完成这个流程，那将会更加证实他的优秀。"

罗杰积极地接受了新任务。他知道高层对他评价很高，但他一直没有机会在其他工作上大展拳脚。此外，他非常尊重凯文，能感觉到凯文深深的焦虑。罗杰想帮忙，这个任务看起来很有挑战性，他良好的分析能力也能派上用场。

罗杰首先与几位高管一起，就各自部门的工作方式进行了讨论，并试图勾勒出一些突破性的目标和考核指标。所有高管都对罗杰的工作表示支持，并提供了大量信息。众所周知，公司的 CFO 通常只支持削减成本以提高业绩。罗杰知道他需要先赢得 CFO 的支持。CFO 的反馈是，增加人力资源不在预算之内，他认为问题出在销售上。

“没有人真正关注销售团队，他们是一群不择手段的牛仔。他们不关注利润，只关注总收入。”他告诉罗杰。

运营总监对销售部门也持批评态度，但出于不同的原因：“他们从不关心‘产能’，他们只知道卖得越多越好。这对公司来说是一件好事，但我的考核指标是劳动力利用率和成本，以及设备正常运行时间和单位成本。他们从不提前告诉我们什么时候会有大订单。等我们从系统里看到订单时，材料团队就不得不加急采购材料，即使这样我们也无法按照预定的周期完成发货。”

销售和市场营销主管对运营部工作也表示不满：“大家都很好，但是很无知。他们把所有的时间都花在挑选存货上，只会纸上谈兵的新主管想法太多，简直就是在折腾我们。如果你问我有什么建议，那么这就是你需要花时间做改变的地方。”

最后，首席信息官抱怨了财务部：“他们一直告诉我，订单录入系统有问题，系统一直在生成带有计算错误的发票。我告诉他们系统没有问题，是错误的录入导致了输出错误。如果他们不把价格和数量搞清楚，就错误地将数据录入系统，我也没办法。你需要在整顿财务部上下功夫，把流程理顺。给你们一个提示，我的团队非常关注下一批大项目，员工都很忙，我不会容忍在那个系统的实现上做出任何妥协。”

所有这些都是很好的信息，但这也让罗杰有点不安。“事情很快就变得复杂起来了，”他对自己说，“要想让这项计划奏效，我们首先需要一些基础建设来支持如此大的变化。我还必须解决所有高管的担忧，否则他们不会支持我。”

在这一年余下的时间里，罗杰全身心地投入到为流程改革搭建成熟的基础上。他召集了重新设计团队，与他们的领导合作，让他们在团队中全职工作，并让他们接受外部顾问的全面培训。改革一旦开始，有些员工的工作将会发生彻底的改变，于是他与 HR 共同为设计小组成员制定了新的薪酬方案。同时，他与 IT 部门协商，开发了用于获取并分析新指标的相关系统，以支持达成新目标和评估工作进展。

最终，罗杰觉得一切都准备就绪，可以开始流程重新设计工作了。在新一年的前 4 个月里，团队进行了流程重新设计。入选设计团队的员工背景各不相同，他们入选的部分原因是具有团队合作精神，他们似乎真的很喜欢这份工作。罗杰对他们提出的许多新想法印象深刻，并尽最大努力吸纳这些新想法。这对他和福尔阿塞斯公司来说可能都是一个真正发生改变的时刻。这不仅仅是流程重新设计，这太令人兴奋了。团队的工作进展顺利，做出了看上去很棒的流程设计。

然而，当罗杰向执行委员会提交重新设计方案时，却遇到了一些意想不到的反对。IT 副总裁表示，他手下的人抱怨说，他们被从更重要的工作中抽离，转而设计一种软件，用于测量以前从未测量过的指标，而这些指标看起来并不重要。

“看，我们已经在尝试六西格玛了，也已经看到了改进，我们已经有了软件和考核指标，我们需要继续进行下去，”他告诉委员会，“除此之外，我们不需要另一层质量控制。”

然后，CFO 介入其中，指出罗杰已经超出了流程重新设计的预算，没有证据表明公司正在得到回报。就连曾敦促公司尝试流程改革的凯文也抱怨说，他被经理所烦扰，经理纷纷表示自己被哄骗，让一些最好的员工参与到流程重新设计的工作中。经理不耐烦了，想让员工离开这个已经花了一年多时间的“临时项目”，重新回去做原本的工作。

HR 支持经理的抱怨，因为有证据表明，流程重新设计团队使培训和临时人员预算飙升。

“罗杰，我知道你在这方面已经努力了一年多，但是如果要继续走下去，我们需要在短期内看到一些成果，”CEO 告诉他，“客户知道我们正在努力，他们想知道什么时候能看到我们承诺的改变。我们会再观察一个季度，但如果看不到任何结果，那么我认为我们需要考虑其他选择，比如重组。由于成本超支，这可能是摆脱财务损失的最快方式，我们不想影响收益。”

罗杰知道他不可能在短短 3 个月内完成流程的重新设计并实现运行。他不是已经非常清楚地表明了“订单—现金”流程的复杂程度了吗？团队至少需要 6 个月甚至更长的时间才能完成必要的模拟和试运行，并解决不可避免的问题，使流程顺利运行。但他决定绝口不提领导的意见。如果团队知道了执行委员会的不满和怀疑，那就太令人沮丧了。

但是，这样的事情无法永远保密。罗杰的秘书每天都和老团队一起吃午饭，老团队来自正在进行流程改革的一个部门，她提到了自己对罗杰的担忧，以及他接手这个项目是不是一个明智的举动：“我可以告诉你这么多——高层领导不满意，他们非常不耐烦。”

很快团队成员就得到了这个项目注定要失败的消息。由于担心自己的职业生涯，两名团队成员要求离开。尽管罗杰努力说服他们，但他意识到，让他们留下真的可能会危及他们的未来。他不希望事情变成那样，所以他让他们离开。当他们离开后，谣言四起。他试图替换离开的两名团队成员，却发现那些过去有兴趣加入这一项目的人都抛弃了他。罗杰曾成功推广的“订单—现金”流程被大家戏称为“预定—失败”流程。剩下的团队成员尝试测试新流程，但他们的士气正在下降，在讨论如何解决问题时也变成了互相争辩，而不是集思广益。

3个月后执行委员会开会时，罗杰不得不告诉他们，他真的没能在重新设计流程方面取得多大进展。“正如你所知，我失去了一些团队成员，需要找到人来替换他们，”他说，“如果一些受改革影响的部门没有参与，那么继续重新设计流程就变得没有意义了。一旦有了替代者，我想我们可以在6个月内完成这个项目。”

“罗杰，我们没有6个月的时间，我们不能继续让人们放弃工作去做这件事了，”CEO说，“我告诉关系很好的客户我们很快就将开始运行新流程了，但在发布前我们需要做一些微调。你需要努力在今年年底前让流程运转起来，然后我们再决定是放弃还是继续实施。”

罗杰彻底变得意志消沉，向不可避免的事情低头。他尽可能为团队成员撰写了出色的业绩评价，希望他们可以回到原来的工作岗位。同时他也更新了自己的简历，尽量美化过去两年的经历，并开始寻找另一份工作。

罗杰在“订单—现金”流程上的尝试表面上看起来不错，他做好了支持高效流程的准备，并着手设计、实施，最终取得成绩。但罗杰犯了一些非常常见的错误：他试图一次性实现整个流程的重新设计，而项目过于庞大；他过于关注使保障流程和基础建设就位，而不是通过设计、指标和流程员工来获取由核心流程驱动的结果；他也未能获得关键人物的支持，包括CFO和IT部门主管。罗杰的野心太大，他无法做到综合思考和实施所有元素，而是采用了线性的思维方式。成果的延迟增加了高层的怀疑和焦虑，减少了承诺和资源投入，导致了本来可以避免的失败。

CHAPTER 11

第 11 章

哈特维公司

流程不是创可贴

哈特维公司是一家大型公司，其特种金属成型业务占有很高的市场份额。21 世纪初公司规模的迅速增长，在很大程度上是合并、收购和整合的结果，因为它吸引了业内许多规模较小的企业。2008 年，随着全球经济陷入困境，哈特维公司加快了收购步伐，以低价收购了 6 家有倒闭风险的小公司。每一次收购都带来了一些很棒的东西：客户群、自营模式和经验丰富的员工。所有这些都巩固了公司目前的市场地位。哈特维公司的 CEO 唐 · 巴克利（Don Barkley）对公司能维持其在业界的主导地位充满信心。

一个周日，正当唐在甲板上享受着报纸和咖啡时，他的手机响了。唐不喜欢在星期天早上被打扰，所以任由电话转入了留言信箱。约一小时后，他看了看屏幕，发现打电话的是CFO娜塔莉·杰克森（Natalie Jackson）。听到语音留言后，他意识到娜塔莉的声音听起来很可怕："唐，我得马上跟你谈谈。"

唐为她感到难过。她一定是失去了心爱的人，或者家里传来了什么可怕的消息。娜塔莉从不打电话，也从未抱怨过——她能自己处理一切问题。这就是她在唐的接班计划中名列前茅的原因。所以想象一下，当娜塔莉告诉他，她刚刚得到消息，哈特维公司的竞争对手、业内第二大公司爱克森公司（Axon Forming）宣布，将全现金收购第三大公司马林科金属公司（Marinko Metals）时，唐有多惊讶。起初他以为这是个玩笑，但他知道不可能，娜塔莉一向公事公办。他很难受，觉得世界好像突然坍塌。同时，唐猛然想起了即将召开的董事会会议。怎么会变成这样！

"娜塔莉，我们到底该怎么做？"唐呻吟着问。

"很不幸，唐，我们无能为力。在小型收购上，我们已经耗费了太多资金。我们不可能筹集到足够的资金来与爱克森的报价抗衡。"

局面突然之间发生了转变，即使成功收购了其他公司，长期占据行业主导地位的哈特维公司似乎注定要退居第二了。这家由卡尔·约翰·哈特维（Carl John Hattaway）创立的公司从未位居第二。唐不想让自己的财产与家族企业的衰落扯上关系。卡尔的孙子是董事会的一员，唐需要在董事会会议召开前迅速想出解决办法。

以防守的姿态，公司开始寻找化解新的竞争局面的方法。公司做的第一件事是进行彻底的客户分析，但结果并不好。在寻求通过收购实现增长的过程中，哈特维公司没有重视如何留住被吞并的小商店的客户。公司专注于收购新的大客户，而忽略了小商店的客户留存情况。然而，公司如果留住这些小客户，他们能带来的利润将是大客户的3倍。

哈特维公司的新客户细分方案着眼于每个客户为公司创造的收益。由于小商店的客户带来的收益较低，被归入“白银”类别，而大客户则被归入“黄金”或“白金”类别。小客户并没有得到与大客户同样的关注度。如果哈特维公司想要夺回行业第一的位置，就必须做出改变，让现有客户满意将成为新的优先项目。

这时，负责销售的副总裁马克·埃尔德里奇（Mark Eldridge）挺身而出，自愿负责改革“获得并留住客户”（acquire and retain customer，ARC）流程的工作。他为自己的方案提出了一个有说服力的理由，即重新设计流程将为哈特维公司提供一种更专注于客户满意度和留存率的工作方式。由于没有其他明显的解决办法，唐同意让马克试一试。唐让马克做一个 PPT 演示文稿来概述计划，并简要阐明概念，以便他向董事会解释。最终项目得到了资金支持，马克获准迅速行动。

马克本人一直专注于吸引新客户，而不是留住老客户，因此新方法要求他在很大程度上改变策略。但他迅速行动，召集了一个项目团队，在 4 个月内开发并推出了一项新设计。这是一个巨大的成功，无论是在财务上还是经营上。唐让马克向董事会汇报了成果，甚至还邀请了两名客户，让客户讲述流程改革带来的积极影响。客户喜欢公司的新态度，因此客户留存率有所提高，一些以前的客户重新开始了与哈特维公司的合作。哈特维公司似乎有机会在未来几年夺回市场份额，再次领先。作为对马克非凡努力的奖励，他被提升为首席市场官。同时，设计团队中的关键人物也得到了提拔，销售人员开始获得高额奖金。整个公司都松了一口气。

但一年后情况发生了转变。虽然许多员工喜欢在流程组织中工作，表现得更好，完成了业绩指标，但也有一些员工无法适应。他们中的许多都是在旧体制下成长起来的管理者，习惯了做完工作后，在下午 5 点下班回家。来自近几年收购的公司的管理团队成员最不高兴，因为作为收购计划的一部分，他们得到了能从事“正常”工作的承诺。现在，在新的流程下，他们不得不留下来与轮班员工交接后才能离开，这耽误了下班时间。他们过去能完成的业务指标也发生了改变。新的指标与以前相比变得不那么容易实现，甚至一些主管也无法实现。曾在他们手下工作的员工变成了流程负责人，他们真的很抵触来自曾经的下属的警告，警告他们必须改进。这些主管开始抵抗流程，用回旧的工作方式。为了让自己看起来像是在支持流程，他们甚至提出了自己部门的项目，将其贴上“重新设计”的标签。他们将自己与流程负责人分割，在报告时大力赞扬本部门的进步，质疑流程负责人的可靠性。

由于这个岗位从未被正式确定，而且公司从未宣传过对这个岗位的业绩期望和考核指标，所以流程负责人背后没有支撑。作为一个非正式团体，他们试图与个别高管交谈，但没有成功。他们很难保持自己的注意力，开始把更多的时间花在“日常工作”上，而无法集中于流程负责人的工作。

公司已经度过了危机，于是 CEO 默许了这种行为，因为他想让管理团队满意。新的流程设计越发缓慢，无法再产生第一次推广时的影响。随着公司重新回到旧模式，一些在流程环境中如鱼得水且业绩蒸蒸日上的员工变得灰心丧气，离开了公司。一些人转而受雇于爱克森公司，并立即开始向整个公司传授流程思想，以及如何在以流程为主导的企业中茁壮成长。

如今，哈特维公司仍打算夺回行业第一的位置，但它与第一的差距正在扩大而非缩小。在拿到因把公司从危机中解救出来而获得的奖金之后，唐决定提前退休。娜塔莉是继任者的第一人选，但考虑到当时的环境，她拒绝了。唐正在帮助她联系潜在的新雇主。失去了流程的帮助，哈特维公司只是另一家挣扎求生的公司。

哈特维公司的经历是典型的企业失败案例，企业仅将流程视为应对危机的创可贴，而没有进行任何基础建设或提供企业元素（领导力、文化、管理、专业知识）来维持流程工作。一些员工真诚地投入到流程工作中，另一些只是不情愿地暂时接受，因为高层领导似乎把它视为解决危机的一种方式。一旦危机过去，继续发展流程工作的动力就会衰减。那些一直被迫而非自愿从事流程工作的员工开始破坏流程改革，与流程负责人唱反调。失去了危机作为激励因素，高层领导者推动改革的决心随即减弱，分歧就会继续发酵。随着时间的推移，流程改革工作会慢慢失败。

结局其实不必如此。马克作为流程领导者，如果他能让更多领导者参与进来，在设计团队之外挖掘更多的专业人才，与 HR 合作，使流程负责人岗位正式化，并实现与策略一致的管理结构，那么哈特维公司很可能能够维持其早期流程的成功。流程管理型企业需要同时重视流程能动要素和企业能力，过多地关注其中一个而忽略另一个可能代价高昂。平衡二者的关键在于要认识到流程能动要素带来成果，而企业能力维持成果。

CHAPTER 12

第 12 章

顶点公司

计划完美也不够

从失败中学习是有道理的。当然，最好是从别人的失败中吸取教训，而不是从自己的失败中吸取教训，所以让我们花点时间来看看，一家拥有美好愿景的公司是如何在执行流程改革过程中犯下大错的。为了保护隐私，在此我们将其称为顶点公司。

顶点公司有些不同寻常，因为决定实施流程的正是 CEO 本人，他也成了实际上的催化剂和领导者。这位 CEO 以和蔼可亲和以共识为导向的风格著称，而不是单枪匹马地命令公司做什么、怎么做。尽管如此，他这次却直接告知直系下属，流程改革目标将被加入平衡计分卡，接着他指派了一个领导者，让这位领导者通过提升技能、寻找最佳方法和协调各部门工作来领导整个工作。他选择了埃米特 · 坎贝尔（Emmitt

Campbell）担任这个角色，由于公司重组，埃米特的职责一直存在空缺。

除了时间充裕外，埃米特还有更多适合这项工作的优势。他在公司知名度很高，学习能力很强，有丰富的销售经验和技术背景。他是一名优秀的演讲者，擅长处理复杂的话题，并将其简化，以便企业的各个层面都能理解。他拥有极为敏锐的商业头脑。

但他也有一些问题。埃米特很傲慢，每次谈话都集中在他自己和他取得的成就上，很少信任团队成员，根本不受同伴喜欢，但他的同伴别无选择，只能容忍。虽然他很有学习的天赋，但他对学习的兴趣仅限于推广理念所必备的知识。更糟糕的是，他有点懒惰。

然而，这种懒惰并不完全是一件坏事。这迫使他聘请业务和流程专家比尔·史密斯（Bill Smith）担任首席流程官，负责与流程改革相关的大部分繁重工作。比尔来自外部，拥有在《财富》50强企业工作的经验。尽管大多数员工都已经在公司工作了很长时间，而且通常都对外人不屑一顾，但他很快就克服困难，融入了这种艰难的文化中。员工将自己企业的文化描述为具有“抗体效应”，意思是他们会包围并吞噬任何新的人或想法。

流程改革项目最初的计划是建立一个大约80人的大部门，以推进公司在世界各地的工作。但这一想法立即遭到了业务部门高层领导的强烈反对，最终只成立了一个规模小得多的流程团队。尽管流程团队规模很小，但他们被赋予了一个非常大胆的节省成本的目标，并开始了工作。

首先，为了培养流程意识，他们为公司的前1500名优秀员工提供培训。公司花了很长时间来开发课程，然后将其教授给那1500人。当这一切发生时，新的CPO比尔看到了机会，他冒着一定的风险，抓住了机会，让更小的流程重新设计项目开始实施。第一次小规模的重新设计项目获得了巨大的成功，并开始形成势头。从第一个项目中获益最大的外部客户的CEO亲自来拜访顶点公司的高层领导，与他们分享了他对顶点公司业绩表现变好的惊讶与激动，并宣布将进一步与顶点公司合作。

借着首个成果，比尔趁热打铁，与公司的首席财务官坐下来共同商讨一个计划，来衡量改革计划的影响。他们设计的定义和公式可被用于明确任何改革所产生的效果。比尔坚持认为，他的流程团队应该以净利润的增加来考核。如果团队能够完成之前设定的挑战性目标，他们将获得丰厚的回报。

随着流程改革趋势的增强，流程领导者埃米特说服CEO，在下一次执行会议上引入流程负责人的概念。会议结束后，他为每个地区的每个核心、管理和保障流程都分配了流程负责人。这些流程负责人被告知，如果有任何问题，他们可以联系CPO比尔。

此时，问题的第一个迹象出现了。不幸的是，埃米特从未完全理解流程负责人的概念。他只是简单地将职能领导任命为流程负责人，鼓励他们开始重新设计，并将成果记入计分卡。他很高兴自己又完成了流程改革项目中的一个部分。

但当比尔得知是哪些人被任命为流程负责人时，他有点紧张，开始通过电话联系这些流程负责人。只有少数人对流程负责人的职责表示了极大的兴趣。大多数人表示，他们需要等到完成培训之后，才开始流程工作。

基层员工的积极性开始增长，部门经理和主管开始在他们的领域开展流程重新设计工作。因为全职从事重新设计工作的人力资源有限，积压的工作越来越多。一天，比尔接到一个业务负责人的电话，要求流程办公室想出一个办法来管理所有的项目。比尔很高兴，不久以后，他在一个业务部门成立了管理委员会。由于繁忙的日程安排，第一次会议在很长时间以后才召开，但最终还是形成了规律的季节性回顾会议。

顶点公司具有实现行业突破性业绩的要素。有些事情被公司完成得很好，但也有些机会被浪费了。让我们研究成功实现突破性业绩所需的每个元素，看看发生了什么。

领导力和文化

顶点公司很幸运，拥有一位愿意尝试不同工作方式的 CEO。虽然公司任命了一名流程领导者来运行全球计划，但却没有选择正确的领导者。无论一个人对流程和绩效的贡献有多大，任何旨在显著改变公司运营方式或企业文化的重要举措，都不应该落入一个在企业中不受尊重的领导者手中。尽管这位流程领导者在他的职业生涯中完成了许多事情，但他在实现这些目标的过程中留下了“一片狼藉”，以至于他永远无法得到全公司员工的支持。CEO 实际上知道员工对流程领导者的看法，他收到了对流程领导者的 360 度评估反馈，评价结果坦诚而惨烈。但因为他对该名流程领导者的个人偏爱，他还是发出了任命指令。

CEO 的直接授权是一个很好的尝试，因为他很少直接授权。他的个人风格就是让业务部门的负责人拥有很大的权力和自主权，但正因为如此，他们从来没有朝着一个共同的目标努力过。事实上，商业部门的总裁以擅长争论和公开挖苦著称，尽管他们试图以幽默来掩盖这一点。不幸的是，因为过去 CEO 只授权过几次，但很少或根本没有采取后续行动或询问结果，因此其下属员工知道，他们可以很容易地证明工作难以完成，并得到某种程度的豁免。一些员工甚至表示他们会直接忽略任务，直到不了了之。

考虑到比尔被这种排外的文化所接纳，他似乎带来了很大的成功希望，但成效有限。虽然雇用比尔的目的是借助他来改变公司文化，但领导团队并没有给予他所需要的公众支持来促成这种改变。他们给比尔的任务自相矛盾："你的工作是改变这里的文化，但要确保你的改变符合我们现有的文化。"仅仅几年，比尔的沮丧情绪就变得让他难以忍受。很明显，领导层希望他人的工作方式和行为习惯发生改变，但他们自己不会发生改变。

选择流程负责人

顶点公司为全球所有地区和不同层级的机构分配了流程负责人，但它要么选择了错误的人，要么没有赋予这些流程负责人任何权力。例如，在人力资源领域，流程负责人的角色仅在一年的时间里就被分配给了 3 个人。第一位流程负责人将自己的职责委托给其他员工，几个月后又解雇了那个员工。第三位被选中的员工在担任这个角色大约 4 个月后就被解雇了。这传达出了一个很清楚的信息：HR 主管并没有认真对待任务。尽管流程负责人向 HR 主管和 CEO 抱怨过这个问题，但他们都选择了忽略。很明显，领导团队没有充分理解这个岗位，因而没有以正确的方式对待它。他们知道跨职能的责任是必需的，但又指出"他们不是那样工作的"，修改流程负责人的岗位职责以适应公司结构。

时机也是一个重要问题。在员工培训结束、专家尚未接受培训之前，比尔就任命了流程负责人和设计团队。流程领导者没有提前告诉比尔自己为高层会议准备的内容，导致比尔措手不及。任命流程负责人与召集设计团队花了比尔约 5 个月的时间。不幸的是，到那时，公司内任何改革的热情都已消失殆尽，企业不再相信流程负责人岗位的重要性。

最后，HR 主管不愿在薪酬和职位描述系统中增加流程负责人的角色和头衔。她表示自己已经审查了企业的职位名称和薪酬级别的数量，结论是顶点公司需要减少而不是增加岗位。她还表示，因为流程负责人的角色是"试验性的"，在它的重要性被证实之前，她不愿改变体系。当比尔拿出一份职责和权力齐全的工作描述时，他被告知这份材料的格式不符合 HR 的要求；此外，HR 部门正经历技术支持的改变，所以现在不是改革的好时机。比尔试图解释这种想法完全是落后的，并向人力资源副总裁展示了从长远来看，在技术发展之前进行必要的流程改变能真正实现在时间和金钱上的节省。但她只是耸了耸肩："我们有一个可靠的计划和预算，已经得到领导团队的批准。我们没有时间和预算来试验这项新技术。"

虽然公司为比尔设定了"节省成本"这一重大弹性目标，但他是唯一一个有这个指标的人，并未与职能领导者、流程负责人或顶点公司的关键绩效指标保持一致。公司不愿检查现有的考核指标并进行改进。"客户之声"和"企业之声"也没有实现平衡，所有的流程工作都集中在降低成本和缩短时间周期上。尽管客户来到总部赞美流程重新设计的优点，顶点公司的领导者仍拒绝承认在流程重新设计上付出的努力可以转化为绩效的增长。一些高管公开将流程管理与精益和六西格玛等更狭义的工具进行比较。他们认为流程只与效率和有效性相关。

确定流程的定义和考核方式对顶点公司的流程改革工作具有相当积极的意义。它们规定了流程项目中的可行和不可行。比尔将这些定义普及开来，并让全球股东接受了它们。不幸的是，当事情开始进展顺利时，一些有影响力的领导人希望将绩效改善归功于自己，而不愿将其归功于流程。

流程设计、流程员工和基础建设

在设计团队工作的员工真的感到高兴。他们有机会创新并实施自己几年来一直想尝试的一些想法。那些不是团队成员但被邀请参与的员工再次感受到了自身的重要性，因为他们的想法得到了倾听和考虑。有一个小组自作主张地采用了自以为更好的设计方法，但他们最终还是只能向 CPO 寻求帮助。他们的团队成员太多，因此意见太多，从来没有达成过共识。他们还试图把六西格玛变成他们唯一使用的工具，但并没有得到想要的结果。幸运的是，CPO 让他们回到了正轨，他们的设计最终获得了成功。

在新设计的流程中工作的员工都很高兴。他们喜欢团队工作，自我管理团队开始在整个企业中涌现。尽管 HR 不愿对薪酬结构做出永久性的改变，但考核指标与流程绩效相关的员工对自己能够做出的改变感到兴奋——对客户和自己的银行账户都有所改变。

当一个业务单元需要运行 ERP 系统时，业务单元的领导者公开宣布：将流程放在优先位置。设计团队欣喜若狂，该业务单元的流程组织负责人迅速调整了现有的设计工作，以适应 ERP 系统。然后，他们等待着实施的通知，但一直都没等到。企业的新一代领导人负责 ERP 的实施，虽然他们同意将流程放在首位，但这是有条件的——必须满足他们的条件。为他们未来想要的事业设计流程很困难，因为大多数领导在职已久，并且很满意自己一贯的做事方式。因此，虽然已确认了第一批流程破坏者，但由于实施 ERP 的严格的预算和时间表，他们被允许按照自己的方式行事。

企业管理和专业技能

流程项目没有始于管理结构的建设是一项明智的决定。考虑到顶点公司的企业文化，从结构开始会让员工感觉这一改革很官僚，无关紧要，因为无法快速产生任何结果。相反，CPO 有目的地允许流程请求和改革举措的积压，让改革管理结构顺理成章地成为公司的需求。虽然起步缓慢，而且管理委员会也无法准时开会，但这是一个良好的开端。专家们一旦完成了培训，就能全身心投入工作，这对企业来说是一个巨大的进步。

顶点公司的今天

在最初 3 年里，顶点公司节省了数百万美元的成本。尽管距离目标仅差几百万美元，比尔还是因为没有达到目标受到了批评。当他询问流程领导者是否认为自己能真正达成目标时，流程领导者回答：“不——我从没想过你会那样接近，但你还是没能完成。”比尔离开了公司，有了更好的工作机会。ERP 失败了，公司损失了数百万美元。目睹比尔离开了公司，而流程破坏者被允许留下来，并且从未被处罚过，那些对流程很感兴趣的员工成群结队地离开了公司。虽然股价保持稳定，但公司却再也没有实现过突破性的绩效增长。在顶点公司，流程改革成了部门改进的工具，而按流程管理和实现突破性绩效的想法早已消逝。

PART 3

第三部分

FASTER CHEAPER BETTER

The 9 Levers for Transforming How Work Gets Done

CHAPTER 13

第 13 章

流程和企业成熟度模型

流程工作指南

随着越来越多的企业努力利用其业务流程的力量，对流程改革路线图的需求变得至关重要。在阅读了前几章之后，读者应该能清楚地看到，重新设计和管理流程可以给企业的成本、质量、速度和服务方面带来显著的改进，从而产生战略优势。从消费品行业和重工业到医疗行业、政府和非营利组织，从订单履行流程到人力资源管理流程，对流程的管理和重新设计不再被视为快速解决危机的方案，而是成为企业的基本组成部分。

但流程改革工作不是一项小任务。端到端流程管理和重新设计不只是改变流程，它们改变了一切。本书详细解释了 9 个关键的高层组织要素，这些要素可以让公司从平庸转变为高效。我们一直强调，要想成为流程企业，就要把所有的 9 个要素整合到公司的工作方式中。我们发现，尽管公司明白为了利用流程的力量需要进行许多改变，但它们往往不确定究竟需要做出什么改变、改变多少和何时改变。这种不确定性导致了计划混乱、缺乏整合、大量争论、大量错误、返工以及实现流程改革的延迟。

在研究了那些致力于成为流程企业的公司的成功及失败案例后，迈克尔·哈默设计了一个流程改革模型，它将成为使你努力做到更快、更省、更好的路线图。下面将对该模型进行更详细的描述。该模型列出了成功实现流程改革所需的 5 个流程能动要素和 4 种企业能力，并为其设计了具有 4 个成熟度级别的标准。流程和企业成熟度模型（PEMM）适用于任何行业的任何企业，它没有将流程局限于某个标准模板。相反，它识别出了成功实现流程改革的企业须具备的特征。公司可以将 PEMM 应用到所有流程中，并且可以根据自己的需要开发独特的流程。

在我们解释 PEMM 是什么以及如何使用之前，需要注意几个要点。

- 流程企业的建立不可能完成于一夜之间，而是耗时良久。大多数企业无法同时重新设计所有流程。实现一个新流程通常是一项复杂且代价高昂的工作，而且大多数公司没有足够的人力和财力来同时进行多个项目。利用端到端流程重新组合企业的所有方面（考核、奖励、职责、发展计划、福利等）也必须逐步完成。
- 流程改革的深度给踏上流程之旅的高管带来了真正的挑战。他们必须解决这样的基本问题：从哪里开始，以多快的速度进行，如何保持势头，流程目标如何支持整体业务战略，资源如何分配等。PEMM 是一种工具，可以帮助企业和高管解决这些问题。但

PEMM 本身无法提供这些问题的答案；相反，它是一个供企业和高管思考和解决这些问题的框架。

- 流程是综合性的工作方法。你不可能在 9 个要素中任选其一，然后期望改革成功。要想实现充分改革，获得并维持成功改革的收益，这 9 个要素都必须得到解决。例如，在没有适当的流程考核指标的情况下，你就不能设计流程、指定流程负责人及培训执行者。如果企业以其一贯的方式来考核绩效，那么它将奖励那些专注于狭隘的职能目标而非结果的人，而流程也无法实现其目标。
- 理想情况下，流程将成为整个公司完成工作的方式。然而，公司的所有部门不太可能同时开始流程项目。通常，特别是在大公司中，流程改革始于业务单元、工厂或某一地理区域。企业需要理解，流程只有在跨越职能边界时才能发挥作用，而业务单元通常是能运行流程的最小单元。从定义上讲，职能部门不能独立运行流程，因为它不能做跨职能的工作，试图把流程强加给独立的职能部门可能带来灾难性后果。
- 你不必利用流程重组企业。大多数走上流程之路的企业都保留了职能部门，但改用流程管理。这意味着职能部门可能会保持不变，但是预算、工作定义、绩效考核系统、工作流和部门目标等要素需要更改。不要犯只改变某些方面而忽略其他方面的错误。例如，高层领导者可能会鼓励经理创建一个跨职能的流程，却试图阻止经理适当地更改考核指标以与流程保持一致。诚然，流程工作合并了职能部门，但部门之间的关系和协调在流程工作中经历了根本性的变化。

流程和企业成熟度模型

记住这些注意事项，让我们看看 PEMM 是如何发挥作用的。这个模型被用于评价企业使用 9 个流程要素的情况。我们称其中 5 个要素为流程能动要素：流程设计（design）、流程员工（performers）、流程负责人（process ownership）、基础建设（infrastructure）和指标（metrics）。我们称剩下的 4 个要素为企业能力：领导力（leadership）、文化（culture）、专业技能（expertise）和企业治理（governance）。流程能动要素着重于流程设计、执行和变更，企业能力关注的是支持和维持这种变更，从而使其成为“正常的业务”或日常工作方式。企业指承担流程改革工作的组织范围，可以是整个公司，也可以是一个或多个业务单元。虽然我们在表格中将流程能动要素和企业能力分开评价，但你仍然应该将它们视为一个整体。

在 PEMM 中，每个要素都有 4 个以数值量化的成熟度层级，从我们所谓的“刚刚起步”到“同类最佳”。更正式地说，我们可以说附录表中 P-1 级的流程既可靠又可预测，即它很稳定。P-2 级表示一个流程达成了良好的绩效，公司实现了端到端流程设计。在 P-3 级中，流程实现了最佳绩效，管理人员可以在必要时将其与其他内部流程整合，以最大化流程对公司绩效的贡献。最后，在 P-4 级的精细化领域中，流程处于同类一流水平，它超越了公司的界限，惠及供应商和客户。类似地，企业能力可以被分为 4 个类似的成熟度层级，从 E-1 到 E-4。

对于每个要素，模型都提供了两种或两种以上的方法来考核企业的成熟度。例如，通过观察流程员工成熟度，我们可以确立知识、技能和行为的独立考核标准。对于考核标准中的每一项，该模型都提供了在每个成熟阶段应有的表现。

注意，在附录的流程和企业成熟度模型的表格中，在每个要素的每个层面右侧都有 4 个空格，这是你对企业成熟度进行打分的地方。我们鼓励人们在使用 PEMM 来分析企业现状时，使用不同颜色（如红、黄、绿等）突出优秀的表现。在使用该模型时，人们只须阅读单元格中的描述，判断它是否准确反映了企业的流程状态。如果描述大部分符合，或至少 80% 符合，则将对应的单元格涂成绿色，或者写上 80+；如果描述基本符合，或者符合度在 20% ～ 80%，则把单元格涂成黄色，或者写上 20 ～ 80；如果描述基本不符合，或者符合度小于 20%，那么将单元格涂成红色，或者写上 −20。分数本身并不重要。更确切地说，它的作用只是提醒你哪些方面需要你关注或改善。

让我们再次使用流程员工作为例子。假设你试图将流程引入自己的企业，并且已经多次向员工宣传推广过了。要评估流程员工的成熟度，首先要考虑他们对流程的了解程度，以及他们对关键指标的理解程度。他们是否认真听了你的宣讲并深刻理解了宣讲内容？如果是，那把 P-1 单元格涂成绿色。他们在解决问题和流程改进方面的技巧如何？还行，但不是特别好？这样的话，把单元格涂成黄色比较好。接下来是棘手的问题：员工对流程的忠诚度如何？是否已经从对职能部门和老板忠诚转变为忠诚于流程？不是很好，对吧？那么把单元格涂成红色。全部涂完以后，现在，你就知道了你在向员工宣传流程思想时处于哪个阶段，哪些方面还需要你做更多的工作。

虽然 PEMM 能帮助你在任何一个流程中确定需要集中精力解决的重点问题，但它真正的价值在于，它能够帮助你协调流程改革中的 9 个要素。PEMM 的正确使用方式是用它来创造出平衡且同步的流程改革方法。还记得那句老话吗？链条的坚固程度取决于它最薄弱的环节，流程也是如此。因此，你需要使用 PEMM 来审视整个企业在实现 9 个要素方面的成熟度，找到缺点在哪里，以及应该以什么顺序解决它们。例如，在进行了 6 个月的流程改革之后，你使用列表评估了 9 个要素的各个方面的成熟度。在流程能动要素表中，你发现大多数单元格为绿色或黄色，但有 2 个单元格为红色。在宣布企业达到 1 级之前，你需要更多地关注那些危险的信号，也要做一些使黄色单元格变绿的工作。由于受限于资源、时间，甚至是对整个业务流程的理解程度，你可能会倾向于给流程能动要素打高分，明显高于企业能力得分。不过这只是自欺欺人。因为这些要素相互交织，1 级企业中不可能有 3 级流程。根据定义，1 级企业无法支持 3 级流程。

最后，PEMM 也可以运用于沟通和教育。流程与流程企业的概念与大多数人熟悉的看待工作和企业的方式不同。即使当企业引入概念并向员工解释时，他们通常也不能真正理解其含义和所包含的内容。特别是在一些关键的概念和教训必须得到广泛的宣传，但很难被表述清楚时，如果员工不能理解，在面对挑战时，企业会变得过于自满或绝望。之所以很难传达，是因为员工要理解这些概念需要对流程如何影响企业以及如何将流程改革落到实处有深入的了解。PEMM 可以帮助人们理解并内化这些重要概念。需要在整个企业中传播的关键教训如下。

- **要做的工作有很多**。许多人低估了流程改革过程中的工作量，他们认为仅召集流程重新设计团队就足够了。他们需要对建立基于流程的企业实际上意味着什么有足够了解。
- **成功有道**。一些真正理解流程改革重要性的员工可能不知道如何实现。他们需要认识到，流程改革是完全可以实现的。

- **不必一次到位**。人们很自然地认为必须立即采取行动。理解过渡的进化本质可以减轻人们的焦虑，创造合理的期望，为漫长的改革旅程做好准备。
- **准确的评价十分关键**。许多企业对自己在流程领域的能力过于乐观。消除所有盲目的自信很重要，这通常是由于企业对流程缺乏了解，因此理解得不准确。准确的评估至关重要。过度自信会阻碍流程改革方方面面的进展，比如资金不足或优先级不够。一旦进展不顺，这种情况会迅速转变为深深的悲观情绪。

请记住，PEMM 是一个粒度模型。也就是说，它捕获了企业中每个流程的成熟度以及企业本身的成熟度。每一个成熟度都是由许多不同要素（如领导力知识和流程负责人权力）的成熟度来表示的。这就增加了不一致的可能性，即某些要素、流程或企业的成熟度可能与其他不一致，甚至与相同的流程能动要素或企业能力相关的要素也是如此。例如，领导力知识可能达到了 E-3 级，但领导力风格甚至未达到 E-1 级。这也许是因为企业没有在流程工作中使用 PEMM 框架，所以忽略了将足够的精力放在某些领域的必要。即使如此也无须惊慌。通常情况下，某些流程或领域需要企业花费更多的精力。PEMM 能突出这些差异，并使领导层确定差距所在，从而采取适当行动来纠正这些问题。

PEMM 实例

当企业开始重新设计其业务流程，或试图将自身从一个级别提升到下一个级别时，有必要进行成熟度分析。2001 年，当我们在第 5 章中提到过的汤姆·珀维斯担任得克萨斯州亚瑟港的莫蒂瓦炼油厂厂长时，他和他的领导团队使用基于流程的技术重新设计了两个核心流程——保证安全生产流程和以可靠性为中心的维护流程，提高了炼油厂的绩效。汤姆决定将这两条流程的能动要素等级从 P-2 提升到 P-3。

他们首先进行了两次独立的评估——流程能动要素评估和企业能力评估，一个由流程负责人和高级主管评估，另一个由一线员工评估。虽然两组意见不尽一致，但通过共同讨论解决了分歧。尽管如此，汤姆和团队发现有几个能动要素处于 P-3 级，但员工知识和目标设定中的指标运用等级只有 P-2。利用这些信息，小组开始努力提高流程员工对流程的理解程度，使用更结构化的方法来设定绩效目标，并创建项目管理办公室，进一步改善了炼油厂的经营状况。例如，保证安全生产流程的关键指标——亚瑟港的报警率，很快在壳牌公司的制造系统报警率中达到最低，关键设备的平均故障间隔时间迅速上升。这些变化极大地提高了炼油厂的利润，汤姆后来成了壳牌公司美洲墨西哥湾生产业务副总裁。

当很多人听到“流程”这个词时，首先想到的是纸上的流程图和文字框。正如我们在本书中展示的，端到端流程思维包含的内容远不止如此。使用 PEMM 并成功处理所有的 9 个要素是驱动改革结果达成的方法。不是只有达到了 4 级才能看到显著变化，你在改革过程中一直都能看到企业的提升。使用 PEMM 可以让你了解流程能动要素的状态，以及企业需要改进的地方。

但公司并不只靠流程生存。高效流程需要支持性的环境来维持变化并取得成功。企业在发展能力方面做得越好，端到端流程的改革就越有效。如果处理得当，这些变化不会是渐进式的，它们将推动行业变革、形成突破性创新，并在效率、有效性和企业成长方面取得成果。更快、更省、更好，你真的可以全部拥有。

APPENDIX

附录

流程和企业成熟度模型

你的流程成熟度如何

		P-1	P-2	P-3	P-4	P-1	P-2	P-3	P-4
流程设计	目的	流程未基于端到端设计，职能经理主要将传统设计用作绩效改进的环境	为了优化企业绩效，对流程进行了端到端的重新设计	为了优化企业绩效，流程设计已适配其他企业流程及 IT 系统	为了优化企业绩效，流程设计已适配客户和供应商的流程				
	环境	已经确认流程的输入、输出、供应商和客户	流程的客户需求已知，而且设计者经过讨论对此达成一致	流程负责人与对接的其他流程负责人建立了共同的绩效预期	流程负责人与客户和供应商的对接流程负责人建立了共同的绩效预期				
	文档	流程文档主要是职能性的，但标明了执行流程所涉及的部门之间的相互联系	已有端到端流程设计的文档	流程文档描述了流程与其他流程的接口和对其他流程的期望，以及流程与企业系统和数据体系结构的连接	流程设计的电子形式支持着流程绩效和管理，能够进行环境改变和流程重构分析				
流程员工	知识	员工知道他们所执行的流程的名称，了解评估流程绩效的关键指标	员工可以描述整个流程的步骤，知道自身工作如何影响客户、流程中的其他员工以及流程绩效，能说出绩效目标和实际水平	员工既熟悉基本的业务概念，也熟悉企业绩效的驱动因素，并且能够描述自己的工作如何影响其他流程和企业绩效	员工熟悉企业所在的行业及其趋势，并能描述他们的工作如何影响企业间绩效				
	技能	员工能解决问题，具有改善流程的技术能力	员工善于团队合作和自我管理	员工擅长制定商业决策	员工擅长改革的管理和实施				
	行为	员工对流程有一定的忠诚度，但主要还是忠于职能部门	员工努力遵循流程设计，正确执行流程，并以能够促进流程中其他员工有效完成工作的方式工作	员工努力确保流程可以产出实现企业目标所需的结果	员工寻找流程应该改变的迹象，并对流程改进提出建议				

流程负责人	身份	流程负责人是被非正式委派的负责改进流程绩效的个人或团队	企业领导创建了一个正式的流程负责人岗位，并任命了一位具有影响力和信誉的高级经理担任该职位	在时间分配、思想分享和个人目标方面，流程对负责人来说是最重要的	流程负责人是企业最高决策机构的成员				
	活动	流程负责人识别并记录流程，与流程中的员工进行沟通，并发起小型改革项目	流程负责人阐明流程的绩效目标和对其未来的展望，发起流程重新设计和改革工作，制订并实施计划，保证全员遵照流程设计工作	流程负责人与其他流程负责人合作，整合流程来实现企业的目标	流程负责人为流程制订滚动战略计划，参与企业级战略规划，并与同事合作，为客户和供应商提出企业间流程改造项目				
	权力	流程负责人宣传推广流程，但只能说服职能经理进行改变	流程负责人可以召集流程重新设计团队并实现新的设计，同时对流程的技术预算有一定的控制	流程负责人控制支持流程的 IT 系统和任何可以更改流程的项目，并且在人员分配和评估以及确定流程预算方面具有一定的影响力	流程负责人能主导流程的预算，对人员分配和评价也有很大的影响力				
基础建设	信息系统	流程由支离破碎的遗留 IT 系统支持	专门搭建的 IT 系统支持流程	有一个集成的 IT 系统支持流程，在设计系统时设计者就考虑到流程并遵循企业标准	具有模块化体系结构的 IT 系统支持流程，它符合行业中的企业间沟通标准				
	人力系统	在流程环境下实现职能目标和解决职能问题会受到职能经理的奖励	流程设计影响职位定义、职位描述和能力配置需求，工作培训以流程文件为基础	招聘、开发、奖励和识别系统强调流程的需求和结果，并将它们与企业的需求进行平衡	招聘、开发、奖励和识别系统加强了企业内部和企业间协作、个人学习，促进了企业变革				
指标	定义	流程有一些基本的成本和质量指标	流程具有来自客户需求的端到端流程指标	流程的考核指标和跨流程的考核指标都源自企业的战略目标	有源自企业间目标的流程指标				
	运用	管理人员运用流程指标跟踪流程绩效，确定绩效不佳的根本原因并推动职能改进	管理人员运用流程指标将流程绩效和标杆基准、同类最好业绩以及客户需求进行比较，并设置业绩目标	管理人员向流程员工介绍指标，以提高员工的流程意识和积极性。他们使用基于流程的日常管理指标的仪表板	管理人员定期审查和更新流程的指标和目标，并将它们运用于战略规划				

你的企业成熟度如何

		E-1	E-2	E-3	E-4	E-1	E-2	E-3	E-4
领导力	意识	企业的高管团队认识到改善经营业绩的必要性，但对业务流程的作用了解有限	至少有一位高级管理人员深刻理解业务流程的概念、企业如何使用它来改善业绩，以及在实现过程中所涉及的工作	高管团队从流程的角度来看待企业，并且设定了企业及其流程的愿景	高管团队从流程的角度看待自己的工作，并且认为流程管理不是一个项目，而是一种管理业务的方式				
	定位	由中层管理人员领导流程项目	由一位高级管理人员领导并负责流程计划	高管团队对于流程规划有很强的一致性，在整个企业中有一个人员网络，帮助推动流程工作	企业所有员工都表现出对流程管理的热情，并积极在流程工作中发挥领导作用				
	行为	高级管理人员赞同流程改革，并投入资金	一位高级管理人员公开地从客户的角度设定了弹性业绩目标，并准备调配资源、进行深刻的变革并消除障碍，以实现这些目标	高级管理人员以一个团队运作，通过流程管理企业，并积极参与流程规划	高管团队通过流程执行自己的工作，以流程为中心进行战略规划，并基于高绩效流程开发新的业务机会				
	风格	高管团队已经开始将自上而下、层级分明的风格转变为开放、协作的风格	领导流程项目的高管团队对改变的需要以及将流程作为改变的关键工具充满热情	高管团队已经将控制权和权力委托给流程负责人和流程执行者	高管团队通过愿景和影响力而不是命令和控制来发挥领导力				
	团队合作	团队合作只限于项目，是偶尔的、非固定性的	企业使用跨职能部门的项目团队开展改革工作	团队合作是流程执行者的标准，对经理而言也很寻常	与客户和供应商合作非常常见				

文化	客户至上	企业广泛意识到客户至上非常重要，但对这意味着什么却知之甚少，对于如何满足客户的需求也存在不确定性和冲突	员工意识到他们工作的目的是为客户提供价值	员工理解客户希望能得到卓越的和一体化的体验	员工积极与贸易伙伴合作，以满足最终客户的需求				
	责任	管理者对结果负责	一线员工开始对结果负责	员工对企业的结果负责	员工在服务客户和实现更好的业绩方面有一种使命感				
	对待改变的态度	企业中越来越多的员工接受有必要进行适度改革这一想法	员工已经为工作方式的重大变化做好了准备	员工已经为重大的多维变化做好了准备	员工认为改变不可避免，并将其视为一种常态				
专业技能	员工	一小部分人非常认同流程的力量	骨干专家具有流程重新设计和实现、项目管理、沟通和变更管理方面的技能	拥有一批具有大规模改革管理和企业改革技能的骨干专家	在整个企业中存在大量具有流程重新设计和实现、项目管理、程序管理和变更管理技能的人员，开发和维护该技能基础的正式流程也已就绪				
	方法	企业使用一种或多种方法来解决项目执行问题，进行小幅度的流程改善	流程设计小组已经学会流程改革的基本方法	企业开发并标准化了用于流程改革的正式流程，并将其与用于流程改革的标准流程结合起来	流程管理和重新设计技能已经成为核心能力，并被嵌入到正式的系统中，该系统包括环境感知、更改计划、流程实现和以流程为中心的创新				

（续）

		E-1	E-2	E-3	E-4	E-1	E-2	E-3	E-4
企业治理	流程模型	企业已经识别出了一些业务流程	企业已经开发了一个完整的企业流程模型，高管团队已经接受了它	企业流程模型已经在整个企业中被广泛宣传，同时被用于提升项目的优先级，并与企业级技术和数据架构相关联	企业扩展流程模型，与客户和供应商的流程模型连接，还将该模型用于战略开发				
	问责	职能经理负责提升绩效，项目经理负责改进项目	流程负责人对单个流程负责，指导委员会负责企业的流程总进度	流程负责人对企业的绩效负责	流程委员会作为最资深的管理机构运作；执行者对企业绩效负责，企业与客户和供应商建立了指导委员会，以推动企业间的流程改革				
	整合	一个或多个小组提出并支持可能截然不同的经营改善技巧	由一个非正式的协调机构进行所需的项目群管理，而指导委员会为流程重新设计项目分配资源	创建了正式的项目管理办公室，由一名首席流程官领导，负责协调和集成所有的流程项目，流程委员会管理流程间的整合问题，企业以集成的方式管理和部署所有流程改进技术和工具	流程负责人与客户和供应商的对接人员合作，以推动企业间流程整合				

致　谢

我要感谢所有为本书贡献案例的人，尤其是凤凰财团的成员和校友。他们愿意分享自己的经验，这对于描绘流程在现实世界中的应用必不可少。

我将最诚挚的感谢献给道格·塞斯（Doug Sease）和约翰·马哈尼（John Mahaney）。感谢道格，他能把两种不同的写作风格和各种各样的故事融合成一本伟大的书，并且极富耐心和幽默感。感谢约翰，他对完成和出版这部作品的远见使我们得以继续前进。你们都是伟大的专业人士和好朋友。感谢鲍勃·巴尼特（Bob Barnett），他一如既往地为我们提供明智的建议和更具表现力的叙述方式。感谢杰克·格雷森（Jack Grayson），他对书名的贡献使这本书变得完美。

还有哈默和公司的员工，感谢你们告诉我过去的旅程，分享我们对未来的愿景。

我也很感谢哈默的孩子——杰西卡、艾莉森、达娜和大卫，在艰难的过渡时期为定位与组织本书的核心草稿和相关材料付出了巨大努力。感谢乔·蒂施勒（Joe Tischler）为哈默公司及其所有项目提出的建议。

最后，我真诚地感谢菲利斯·哈默，感谢他让这本书鲜活起来，感谢他像迈克尔·哈默一样相信我，相信我能把这份不可思议的遗产发扬光大。

——丽莎·W. 赫什曼